Las familias católicas

celebran el domingo

2017–2018

Kerstin Keber Smith

RECURSOS
CATÓLICOS
EN ESPAÑOL

Nihil Obstat
Reverendo Daniel A. Smilanic, JCD
Vicario de Servicios Canónicos
Arquidiócesis de Chicago
27 de octubre de 2016

Imprimatur
Reverendo Ronald A. Hicks
Vicario General
Arquidiócesis de Chicago
27 de octubre de 2016

Los textos bíblicos corresponden al *Leccionario*, 3 vols. © 1976, 1987, 1993, Comisión Episcopal de Pastoral Litúrgica de la Conferencia del Episcopado Mexicano.

Texto bíblico en la página siguiente conforme a *La biblia de nuestro pueblo: Biblia del peregrino* (2011), con el debido permiso.

Las reflexiones fueron escritas por Kerstin Keber Smith y la introducción fue escrita por Margaret Brennan.

LAS FAMILIAS CATÓLICAS CELEBRAN EL DOMINGO 2017–2018 © 2017 Arquidiócesis de Chicago: Liturgy Training Publications, 3949 South Racine Avenue, Chicago, IL 60609; 1-800-933-1800; fax 1-800-933-7094; e-mail: orders@ltp.org; visite nuestra página de Internet: www.LTP.org.

Traducción: Ricardo López; edición: Christian Rocha; cuidado de la edición: Víctor R. Pérez; tipografía: Juan Alberto Castillo. Cubierta: Eleanor Davis © LTP.

Impreso en los Estados Unidos de América.

ISBN 978-1-61671-353-9

FCCD18

"Amarás al Señor, tu Dios, con todo el corazón, con toda el alma, con todas las fuerzas. Las palabras que hoy te digo quedarán en tu memoria, se las inculcarás a tus hijos y hablarás de ellas estando en casa y yendo de camino, acostado y levantado".

(Deuteronomio 6:5-7)

Índice

Cómo usar

Las familias católicas celebran el domingo

Esta breve guía semanal sigue el curso del evangelio de los domingos y las solemnidades del año litúrgico. Este libro de lectura breve ayuda a los padres a conversar con sus hijos sobre la misa y a explorar el tesoro de la fe vivida. Con frecuencia, ir a misa es un evento que comienza y termina en la puerta de la iglesia. La breve reflexión sobre el evangelio busca que los padres tomen la iniciativa para conversar como familia sobre la Sagrada Escritura, tanto al ir a misa como en el regreso a casa. Las sugerencias y las preguntas para iniciar la conversación, lo mismo que los consejos para vivir la palabra, incentivan el diálogo y el compromiso de toda la familia.

Confiamos en que muchas de las reflexiones y sugerencias ayuden la vida de fe de toda su familia. Seguramente que en otras ocasiones usted tendrá otras necesidades, intereses o ideas más significativas para compartir; comente todo ello con sus hijos. Incluso los más pequeños son perfectamente capaces de irse introduciendo en la liturgia a través de los sentidos. Aprenda y entone los cantos, explíqueles los colores de la estación litúrgica y siéntese con ellos desde donde puedan observar los gestos de la misa; todo esto los irá formando en su fe. Recuerde que en el rito del bautismo se dice que los padres del infante son sus primeros y principales maestros.

Vigesimotercer Domingo del Tiempo Ordinario

Escuchar la Palabra

Mateo 18:15–20

En el nombre del Padre, del Hijo y del Espíritu Santo.

En aquel tiempo, Jesús dijo a sus discípulos: "Si tu hermano comete un pecado, ve y amonéstalo a solas. Si te escucha, habrás salvado a tu hermano. Si no te hace caso, hazte acompañar de una o dos personas, para que todo lo que se diga conste por boca de dos o tres testigos. Pero si ni así te hace caso, díselo a la comunidad; y si ni a la comunidad le hace caso, apártate de él como de un pagano o de un publicano.

Yo les aseguro que todo lo que aten en la tierra, quedará atado en el cielo, y todo lo que desaten en la tierra quedará desatado en el cielo.

Yo les aseguro también que si dos de ustedes se ponen de acuerdo para pedir algo, sea lo que fuere, mi Padre celestial se lo concederá; pues donde dos o tres se reúnen en mi nombre, ahí estoy yo en medio de ellos".

Reflexionar la palabra

Nos sentimos mal cuando nos damos cuenta de que alguien no nos escucha, especialmente si hemos sido lastimados. Entonces es importante recordar que no estamos solos. Podemos acercarnos a alguien que nos ayude y sostenga. Cuando una persona lastima a otra, normalmente acaba lastimándose también. Si logramos hacerles sentir el amor y el sostén de la comunidad, es muy probable que consigan ver las cosas de modo diferente.

· · · · · · CAMINO A MISA

Comparta alguna experiencia en la que usted no se sintió escuchado. ¿Cómo se sintió?

CAMINO A CASA · · · · · ·

¿Por qué es muy conveniente acudir a una comunidad como la Iglesia cuando la gente no quiere escuchar lo que es correcto?

Vivir la palabra

Reúna a la familia y conversen sobre qué pueden hacer esta semana para escuchar intencionalmente a otra persona. Una buena resolución sería decidir escuchar aun cuando alguien cuenta una historia que ya escucharon antes. Traten de descubrir por qué la historia es importante. También procuren escuchar mejor a los miembros de la familia y traten de entender a alguien con quien no están de acuerdo. Sugiera salir a la naturaleza y escuchar. Anímense a este ejercicio con papel y lápiz: elaboren una lista de sugerencias sobre cómo escuchar mejor.

Vigesimocuarto Domingo del Tiempo Ordinario

Escuchar la Palabra

Mateo 18:21–22

En el nombre del Padre, del Hijo y del Espíritu Santo.

En aquel tiempo, Pedro se acercó a Jesús y le preguntó: "Si mi hermano me ofende, ¿cuántas veces tengo que perdonarlo? ¿Hasta siete veces?". Jesús le contestó: "No sólo hasta siete, sino hasta setenta veces siete".

Reflexionar la palabra

Perdonar no es fácil, sea que perdonemos o que seamos perdonados. Recordar nuestras caídas puede ayudarnos cuando otros no son amables con nosotros. Entonces es cuando más precisamos afianzarnos en la relación con Dios, en lo más íntimo de nuestro ser. En esa intimidad encontraremos siempre la fortaleza y la paciencia para perdonar más de setenta veces siete.

• • • • • • CAMINO A MISA

¿Puede usted recordar alguna vez que necesitó ser perdonado? ¿Cómo reaccionó la persona a la que usted lastimó?

CAMINO A CASA • • • • • •

¿Tiene usted presente a alguien a quien necesita perdonar, pero le parece difícil hacerlo? ¿Qué ayudaría a perdonarlo con mayor facilidad?

Vivir la palabra

Pida a los miembros de su familia que hoy se vistan el manto del perdón. Dígales que por el día de hoy, se visualicen perdonando todo: ofensas grandes y pequeñas. Al final del día, pregunte cómo se sintieron. ¿Resulta más fácil irse a dormir habiendo perdonado todo? Piense en que el día transcurrió sin contratiempos mayores, debido a que no estaban enfocados en lo malo, sino en la bondad del perdón de Dios. ¿Hubo cosas más difíciles de perdonar? ¿Se podrían afianzar en esta práctica?

Vigesimoquinto Domingo del Tiempo Ordinario

Escuchar la Palabra
Mateo 20:1–3, 5–11, 13, 15

En el nombre del Padre, del Hijo y del Espíritu Santo.

En aquel tiempo, Jesús dijo a sus discípulos esta parábola: "El Reino de los cielos es semejante a un propietario que, al amanecer, salió a contratar trabajadores para su viña. Después de quedar con ellos en pagarles un denario por día, los mandó a su viña. Salió otra vez a media mañana... y a media tarde e hizo lo mismo.

Por último, salió también al caer la tarde y encontró todavía otros... y les dijo:... 'Vayan también ustedes a mi viña'.

Al atardecer, el dueño de la viña le dijo a su administrador: 'Llama a los trabajadores y págales su jornal, comenzando por los últimos hasta que llegues a los primeros'. Se acercaron, pues, los que habían llegado al caer la tarde y recibieron un denario cada uno.

Cuando les llegó su turno a los primeros, creyeron que recibirían más; pero también ellos recibieron un denario cada uno. Al recibirlo, comenzaron a reclamarle al propietario.

Pero él respondió a uno de ellos: 'Amigo, yo no te hago ninguna injusticia. ¿Acaso no quedamos en que te pagaría un denario?... ¿Qué no puedo hacer con lo mío lo que yo quiero? ¿O vas a tenerme rencor porque yo soy bueno?'".

Reflexionar la palabra

Es tan maravilloso y fuerte el amor de Dios que no queremos que nadie se lo pierda, así parezca demasiado tarde. Si Dios es como el dueño de la viña, queremos que cada persona venga hasta él en cuanto se encuentre lista. Nos sentimos agradecidos porque el amor de Dios no tiene límites, y está accesible a todos. Con Dios, solo porque mi hermano y mi hermana reciben "su pago", no disminuye lo que yo recibiré, pues en la sobreabundante bondad de Dios todos alcanzamos más de lo necesario.

· · · · · · CAMINO A MISA

¿Qué significa ser honesto? ¿Cuál es la diferencia con ser generoso?

CAMINO A CASA · · · · · ·

¿Cuándo y dónde ha experimentado usted la abundancia del amor de Dios?

Vivir la palabra

Converse con su familia sobre cómo invitar a alguien a "la viña" del amor de Dios. Anímelos a que den sus ideas sobre invitar a un amigo, vecino o algún familiar que pudiera sentirse "afuera". Hagan algún plan para invitar a esa persona a almorzar, o a caminar por el parque o a tomar café a su casa. ¿Qué puede usted hacer para mostrar la ilimitada abundancia del amor de Dios? Comente que el amor de Dios es un don que Dios nos da, sin reparar en dónde estemos o lo que hayamos hecho.

Vigesimosexto Domingo del Tiempo Ordinario

Escuchar la Palabra

Mateo 21:28–32

En el nombre del Padre, del Hijo y del Espíritu Santo.

En aquel tiempo, Jesús dijo a los sumos sacerdotes y a los ancianos del pueblo: "¿Qué opinan de esto? Un hombre que tenía dos hijos fue a ver al primero y le ordenó: 'Hijo, ve a trabajar hoy en la viña'. Él le contestó: 'Ya voy, señor', pero no fue. El padre se dirigió al segundo y le dijo lo mismo. Este le respondió: 'No quiero ir', pero se arrepintió y fue. ¿Cuál de los dos hizo la voluntad del padre?". Ellos le respondieron: "El segundo".

Entonces Jesús les dijo: "Yo les aseguro que los publicanos y las prostitutas se les han adelantado en el camino del Reino de Dios. Porque vino a ustedes Juan, predicó el camino de la justicia y no le creyeron; en cambio, los publicanos y las prostitutas, sí le creyeron; ustedes, ni siquiera después de haber visto, se han arrepentido ni han creído en él".

Reflexionar la palabra

A veces, es diferente lo que decimos de lo que hacemos. Jesús apunta que ambas cosas son importantes, pues lo que hacemos tendrá mayor impacto en el mundo. El episodio del evangelio nos enseña que nunca es demasiado tarde para actuar. Si nuestra reacción inicial ante algo no está acorde a la voluntad de Dios, podemos cambiar. Siempre podremos corregir nuestras decisiones y actitudes, cuando sea necesario. No importa lo que hayamos hecho, siempre podremos retornar a Dios.

......CAMINO A MISA

¿Alguna vez ha cambiado usted de opinión? ¿Qué fue lo que le hizo cambiar?

CAMINO A CASA ......

¿Alguna vez se han sorprendido de que alguien estuviera haciendo la obra de Dios?

Vivir la palabra

En su espacio familiar para orar, encienda una vela y converse con su familia sobre la dificultad de ser coherentes de palabra y de obra, y lo necesario que es. Muchas veces hablamos sin haber pensado en lo que decimos, y actuamos casi automáticamente. Acuerden, en familia, esforzarse en decir y hacer este día lo que Jesús diría y haría. Al final del día, reúnanse de nuevo y escuchen el reporte de cada quien. Pregunte a los niños si pudieron escuchar a otros de modo diferente.

8 de octubre de 2017

Vigesimoséptimo Domingo del Tiempo Ordinario

Escuchar la Palabra
Mateo 21:33-41

En el nombre del Padre, del Hijo y del Espíritu Santo.

En aquel tiempo, Jesús dijo a los sumos sacerdotes y a los ancianos del pueblo esta parábola: "Había una vez un propietario que plantó un viñedo, lo rodeó con una cerca, cavó un lagar en él, construyó una torre para el vigilante y luego lo alquiló a unos viñadores y se fue de viaje.

Llegado el tiempo de la vendimia, envió a sus criados para pedir su parte de los frutos a los viñadores; pero éstos se apoderaron de los criados, golpearon a uno, mataron a otro y a otro más lo apedrearon. Envió de nuevo a otros criados, en mayor número que los primeros, y los trataron del mismo modo.

Por último, les mandó a su propio hijo, pensando: 'A mi hijo lo respetarán'. Pero cuando los viñadores lo vieron, se dijeron unos a otros: 'Este es el heredero. Vamos a matarlo y nos quedaremos con su herencia'. Le echaron mano, lo sacaron del viñedo y lo mataron.

"Ahora, díganme: cuando vuelva el dueño del viñedo, ¿qué hará con esos viñadores?". Ellos le respondieron: "Dará muerte terrible a esos desalmados y arrendará el viñedo a otros viñadores, que le entreguen los frutos a su tiempo".

Reflexionar la palabra

¡Esa historia es brutal! No nos gusta oír lo violento que los seres humanos pueden ser. Si bien nosotros no hemos llegado a golpear a nadie, quizá hemos herido a otro con una mirada, una palabra o con un pensamiento. La rudeza de nuestras palabras y acciones tiene consecuencias. Todo el mundo y sus habitantes son un don y debemos ser amables y compasivos con aquellos bajo nuestro cuidado. De no ser así, Jesús nos advierte que la viña será entregada a alguien que sí honre y respete su voluntad. Debemos cuidar cada don que viene de Dios.

......CAMINO A MISA

¿Cómo pueden ser respetuosos y amables con la tierra, las personas, las plantas y los animales?

CAMINO A CASA ......

¿En qué aspecto o relación de su vida, detecta usted que la violencia se ha deslizado, incluso sin notarlo? ¿En su hablar, en sus videojuegos, o en la televisión?

Vivir la palabra

Ser amables y cariñosos de palabra y obra requiere de práctica y de intención. Decidan con su familia hacer una comida especial, un juego, una salida, o un paseo en auto, y aprovéchenlo para hablar en voz baja. Pregunte a los miembros de su familia si usar una voz baja y afable también provoca una reacción amable. Note cómo las palabras suenan muy diferente cuando son susurradas.

15 de octubre de 2017

Vigesimoctavo Domingo del Tiempo Ordinario

Escuchar la Palabra

Mateo 22:1-10

En el nombre del Padre, del Hijo y del Espíritu Santo.

En aquel tiempo, volvió Jesús a hablar en parábolas a los sumos sacerdotes y a los ancianos del pueblo, diciendo: "El Reino de los cielos es semejante a un rey que preparó un banquete de bodas para su hijo. Mandó a sus criados que llamaran a los invitados, pero éstos no quisieron ir.

Envió de nuevo a otros criados que les dijeran: 'Tengo preparado el banquete; he hecho matar mis terneras y los otros animales gordos; todo está listo. Vengan a la boda'. Pero los invitados no hicieron caso. Uno se fue a su campo, otro a su negocio y los demás se les echaron encima a los criados, los insultaron y los mataron.

Entonces el rey se llenó de cólera y mandó sus tropas, que dieron muerte a aquellos asesinos y prendieron fuego a la ciudad.

Luego les dijo a sus criados: 'La boda está preparada; pero los que habían sido invitados no fueron dignos. Salgan, pues, a los cruces de los caminos y conviden al banquete de bodas a todos los que encuentren'. Los criados salieron a los caminos y reunieron a todos los que encontraron, malos y buenos, y la sala del banquete se llenó de convidados".

Reflexionar la palabra

Hay lugar para todos en el banquete del Reino, pero ¿aceptarán todos esa invitación? El relato del evangelio muestra que aceptarla requiere de algo más que simplemente asistir. Hay que ir preparados y dignos, sabiendo que los más importantes tienen mayor responsabilidad. Sabemos también que necesitamos estar siempre preparados para cualquier eventualidad, ¡con cuánta mayor razón para lo que ya viene! De cualquier manera, hay que estar listos para acudir al banquete de Dios. ¡Piense que esta es su invitación!

......CAMINO A MISA

¿Alguna vez usted se ha sentido poco preparado para un evento? ¿Cómo era esa sensación? ¿Cómo resultó?

CAMINO A CASA ......

¿Cómo podemos ser más hospitalarios al departir con otras personas?

Vivir la palabra

Pida a quien acomoda la mesa para comer que prepare un lugar extra. Luego, a la hora de comer, anime a que cada quien diga qué persona podría ocupar ese lugar, alguien que nunca haya estado allí. Compartan cómo se sentiría esa persona a la mesa. Platiquen sobre qué harían para que esa persona se sienta cómoda entre ustedes. Luego inviten a alguien a comer con ustedes. Incluso si la persona invitada no puede asistir, compartan lo que se siente al ser invitado a comer con otra familia.

Vigesimonoveno Domingo del Tiempo Ordinario

Escuchar la Palabra

Mateo 22:15–21

En el nombre del Padre, del Hijo y del Espíritu Santo.

En aquel tiempo, se reunieron los fariseos para ver la manera de hacer caer a Jesús, con preguntas insidiosas, en algo de que pudieran acusarlo.

Le enviaron, pues, a algunos de sus secuaces, junto con algunos del partido de Herodes, para que le dijeran: "Maestro, sabemos que eres sincero y enseñas con verdad el camino de Dios, y que nada te arredra, porque no buscas el favor de nadie. Dinos, pues, qué piensas: ¿Es lícito o no pagar el tributo al César?".

Conociendo Jesús la malicia de sus intenciones, les contestó: "Hipócritas, ¿por qué tratan de sorprenderme? Enséñenme la moneda del tributo". Ellos le presentaron una moneda. Jesús les preguntó: "¿De quién es esta imagen y esta inscripción?". Le respondieron: "Del César". Y Jesús concluyó: "Den, pues, al César lo que es del César, y a Dios lo que es de Dios".

Reflexionar la palabra

Vemos a los insidiosos fariseos tratando de entrampar a Jesús. No lo consiguen. No hay manera de sacarle la vuelta a la verdad, porque siempre sale a relucir. Una vez y otra, Jesús nos invita a pensar desde otro ángulo y no poner en riesgo nuestros valores ni nuestra capacidad de estar presentes e impulsar lo bueno en nuestra sociedad. En lugar de declararse contra la ley vigente, Jesús encuentra un modo de afirmar la primacía de Dios.

······CAMINO A MISA

¿Alguna vez se ha sentido usted sorprendido en una trampa? ¿Buscó ayuda?

CAMINO A CASA ······

¿En la vida que usted lleva, tiene alguna manera de pensar en lo sagrado? ¿Cómo lo hace?

Vivir la palabra

Después de encender una vela, hagan la oración en familia. Comente a sus hijos que siempre ha habido enfrentamientos entre la ley civil y "lo que pertenece a Dios". En el evangelio del día, es importante subrayar que Jesús no hace una separación estricta entre ambas. Dice que hemos de dar a cada ámbito lo que le corresponde. Lo mejor es vivir lo sagrado en lo secular. Anime a su familia a discutir sobre cómo haciendo tareas y quehaceres puede reflejar el amor de Dios.

29 de octubre de 2017

Trigésimo Domingo del Tiempo Ordinario

Escuchar la Palabra

Mateo 22:34-40

En el nombre del Padre, del Hijo y del Espíritu Santo.

En aquel tiempo, habiéndose enterado los fariseos de que Jesús había dejado callados a los saduceos, se acercaron a él. Uno de ellos, que era doctor de la ley, le preguntó para ponerlo a prueba: "Maestro, ¿cuál es el mandamiento más grande de la ley?".

Jesús le respondió: "*Amarás al Señor, tu Dios, con todo tu corazón, con toda tu alma y con toda tu mente.* Este es el más grande y el primero de los mandamientos. Y el segundo es semejante a éste: *Amarás a tu prójimo como a ti mismo.* En estos dos mandamientos se fundan toda la ley y los profetas".

Reflexionar la palabra

No hay ley, regla ni siquiera talento ni mérito que pueda sobrepasar el amor. El amor a Dios, a los demás y a sí mismo, es total; debe penetrar nuestro corazón, mente y alma, de tal suerte que no queda espacio para más nada. El modo como Jesús habla sobre los mandamientos nos da una clave para vivirlos. En lugar de darnos una lista de lo que no hay que hacer, nos pide que nos concentremos en quien sí debemos. Cuando esto sucede, ¡no cabe nada más en nuestra vida, sino amor!

••••••CAMINO A MISA

¿Qué significa amar con todo el corazón, con toda la mente y con toda el alma?

CAMINO A CASA ••••••

¿En qué se nota que usted se ama a sí mismo?

Vivir la palabra

Convoque a su familia en el lugar donde suelen orar, y conversen sobre cómo el cumplimiento de la voluntad de Dios comienza con amarnos a nosotros mismos. Anime a su familia a que, durante esta semana, se fijen en su forma de hablar. Pídales que piensen si ellos se aman a sí mismos como Dios los ama, o si, por el contrario, ellos se menosprecian. Enseguida, cada quien debe escribir algo agradable para decírselo a alguien con quien no se llevan muy bien. ¿Puede su familia darse la ocasión para decirse palabras amables?

1 de noviembre de 2017

Todos los Santos

Escuchar la Palabra

Mateo 5:1-12a

En el nombre del Padre, del Hijo y del Espíritu Santo.

En aquel tiempo, cuando Jesús vio a la muchedumbre, subió al monte y se sentó. Entonces se le acercaron sus discípulos. Enseguida comenzó a enseñarles, hablándoles así:

"Dichosos los pobres de espíritu, / porque de ellos es el Reino de los cielos. / Dichosos los que lloran, / porque serán consolados. / Dichosos los sufridos, / porque heredarán la tierra. / Dichosos los que tienen hambre y sed de justicia, / porque serán saciados. / Dichosos los misericordiosos, / porque obtendrán misericordia. / Dichosos los limpios de corazón, / porque verán a Dios. / Dichosos los que trabajan por la paz, / porque se les llamará hijos de Dios. / Dichosos los perseguidos por causa de la justicia, / porque de ellos es el Reino de los cielos.

Dichosos serán ustedes, cuando los injurien, los persigan y digan cosas falsas de ustedes por causa mía. Alégrense y salten de contento, porque su premio será grande en los cielos".

Reflexionar la palabra

No es fácil encontrar en las Bienaventuranzas algún motivo para alegrarse. Algunos pudieran pensar que Jesús ya puede quedarse con su recompensa si los beneficiados primero tienen que estar tristes o ser perseguidos. Jesús nos puede estar pidiendo que volvamos a mirar las cosas difíciles de la vida. ¿Puede haber alguna alegría en el duelo, el hambre o la persecución? ¿Tenemos capacidad para volvernos al amor de Dios repetidamente y vivir desde ese amor, si reconocemos que la pena y el sufrimiento que padecemos son ingredientes del estar en la tierra?

• • • • • • CAMINO A MISA

¿Quién ha tenido con usted misericordia?

CAMINO A CASA • • • • • •

¿Qué significa ser bienaventurado? ¿Se siente usted bienaventurado?

Vivir la palabra

En familia, decidan cómo quieren mostrar una actitud de agradecimiento durante esta semana. En la oración de la noche, anime a sus hijos a darle gracias a Dios por cosas muy concretas, eventos o personas, en lugar solicitar algo. En el desayuno, invite a los niños a compartir un "obsequio de agradecimiento" y note cómo el modo de comenzar el día puede ayudar a adquirir una actitud más amable. Si esta semana es particularmente difícil, piense en cómo algunas bendiciones pueden ayudarle en los tiempos difíciles.

5 de noviembre de 2017

Trigésimo Primer Domingo del Tiempo Ordinario

Escuchar la Palabra

Mateo 23:1–12

En el nombre del Padre, del Hijo y del Espíritu Santo.

En aquel tiempo, Jesús dijo a las multitudes y a sus discípulos: "En la cátedra de Moisés se han sentado los escribas y fariseos. Hagan, pues, todo lo que les digan, pero no imiten sus obras, porque dicen una cosa y hacen otra. Hacen fardos muy pesados y difíciles de llevar y los echan sobre las espaldas de los hombres, pero ellos ni con el dedo los quieren mover. Todo lo hacen para que los vea la gente. Ensanchan las filacterias y las franjas del manto; les agrada ocupar los primeros lugares en los banquetes y los asientos de honor en las sinagogas; les gusta que los saluden en las plazas y que la gente los llame 'maestros'.

Ustedes, en cambio, no dejen que los llamen 'maestros', porque no tienen más que un Maestro y todos ustedes son hermanos. A ningún hombre sobre la tierra lo llamen 'padre', porque el Padre de ustedes es sólo el Padre celestial. No se dejen llamar 'guías', porque el guía de ustedes es solamente Cristo. Que el mayor de entre ustedes sea su servidor, porque el que se enaltece será humillado y el que se humilla será enaltecido".

Reflexionar la palabra

Nuestra vida terrenal es transitoria, y esto queda manifiesto en esas simple e intensas afirmaciones que escuchamos. La vida comenzó antes de que naciéramos y continuará después de que muramos. No se puede sostener la solicitud de los padres terrenales que piden tener un sitio permanente en nuestra alma, por la inmensidad de Dios y nuestra existencia infinita. No hay verdadero maestro, señor o padre, sino Dios. Ciertamente que podemos honrar el pensamiento del amor de Dios y su sabiduría en aquellos que viven a nuestro alrededor, pero conscientes de su dimensión ante lo divino.

• • • • • • CAMINO A MISA

¿Cómo nota usted que sus padres, maestros y jefes reflejan el amor y la sabiduría de Dios?

CAMINO A CASA • • • • • •

¿Qué significa ser humilde? ¿Qué representa ser exaltado? ¿Son siempre irreconciliables?

Vivir la palabra

Converse sobre cómo Jesús vivía la virtud de la humildad. Pregunte a sus hijos si piensan que la humildad es importante. ¿Qué se siente ser el más grande en algo? ¿Qué significa eso mismo en el cielo? Anime a que cada uno haga el siguiente experimento esta semana: la próxima vez que le toque estar en el primer lugar de una fila, ceda su sitio y váyase hasta el final de la fila. ¿Se siente diferente esperar, habiendo cedido su lugar?

Trigésimo Segundo Domingo del Tiempo Ordinario

Escuchar la Palabra
Mateo 25:1–2, 5–13

En el nombre del Padre, del Hijo y del Espíritu Santo.

En aquel tiempo, Jesús dijo a sus discípulos esta parábola: "El Reino de los cielos es semejante a diez jóvenes, que tomando sus lámparas, salieron al encuentro del esposo. Cinco de ellas eran descuidadas y cinco, previsoras. Como el esposo tardaba, les entró sueño a todas y se durmieron.

A medianoche se oyó un grito: '¡Ya viene el esposo! ¡Salgan a su encuentro!' Se levantaron entonces todas aquellas jóvenes y se pusieron a preparar sus lámparas, y las descuidadas dijeron a las previsoras: 'Dennos un poco de su aceite, porque nuestras lámparas se están apagando'. Las previsoras les contestaron: 'No, porque no va a alcanzar para ustedes y para nosotras. Vayan mejor a donde lo venden y cómprenlo'.

Mientras aquéllas iban a comprarlo, llegó el esposo, y las que estaban listas entraron con él al banquete de bodas y se cerró la puerta. Más tarde llegaron las otras jóvenes y dijeron: 'Señor, señor, ábrenos'. Pero él les respondió: 'Yo les aseguro que no las conozco'.

Estén, pues, preparados, porque no saben ni el día ni la hora".

Reflexionar la palabra

Al irnos acercando al Adviento, las lecturas procuran despertarnos. Jesús dejó claro que las alegrías del cielo no las tenemos seguras, pero tampoco que las tenemos que ganar. Más bien, tenemos que estar abiertos, bien dispuestos. El don ya nos ha sido otorgado, pero necesitamos estar preparados para recibirlo. Estar alerta nos hace vivir a plenitud cada momento, y dejar de estar pensando en el pasado o en el futuro. Nada está cerrado, ni siquiera el pasado es estático, pues nuestras experiencias cambian constantemente por nuestra interacción presente.

······CAMINO A MISA

¿Por qué es bueno estar preparados?

CAMINO A CASA ······

¿A qué cosas necesita usted darles más atención?

Vivir la palabra

Encienda una vela en su lugar de oración y converse sobre los preparativos necesarios para un viaje fuera de la ciudad. Anime a sus hijos a que piensen en todas las cosas que han hecho cuando han tenido que dejar la casa por un fin de semana. Luego, pida a cada miembro de la familia que piense cómo se prepararían para ver a Dios. Pregunte, por ejemplo, ¿qué hay que preparar para ir al cielo? ¿Qué tan preparados estamos en este momento? ¿Hay alguna cosa que tengamos que hacer? ¿Cómo nos puede preparar este Adviento para ver a Dios algún día?

Trigésimo Tercer Domingo del Tiempo Ordinario

Escuchar la Palabra

Mateo 25:14–15, 19–21

En el nombre del Padre, del Hijo y del Espíritu Santo.

En aquel tiempo, Jesús dijo a sus discípulos esta parábola: "El Reino de los cielos se parece también a un hombre que iba a salir de viaje a tierras lejanas; llamó a sus servidores de confianza y les encargó sus bienes. A uno le dio cinco talentos; a otro, dos; y a un tercero, uno, según la capacidad de cada uno, y luego se fue.

Después de mucho tiempo regresó aquel hombre y llamó a cuentas a sus servidores. Se acercó el que había recibido cinco talentos y le presentó otros cinco, diciendo: 'Señor, cinco talentos me dejaste; aquí tienes otros cinco, que con ellos he ganado'. Su señor le dijo: 'Te felicito, siervo bueno y fiel. Puesto que has sido fiel en cosas de poco valor te confiaré cosas de mucho valor. Entra a tomar parte en la alegría de tu señor'".

Reflexionar la palabra

Recibimos dones y talentos para usarlos. Sin embargo, nos puede intimidar que nuestros dones, al ofrecerlos, terminen siendo rechazados. Lo que aprendemos en el evangelio del día es que Dios multiplica nuestros dones cuanto más los usamos. Nuestros dones no crecen si no son usados. A veces, se necesita mucho trabajo para descubrir nuestras fortalezas y talentos, pero una vez que lo hacemos, traerán abundancia para todos.

•••••• CAMINO A MISA

Mencione alguno de sus dones y cómo puede usarlo.

CAMINO A CASA ••••••

¿Alguna vez se ha sentido usted temeroso de usar sus talentos?

Vivir la palabra

En el oratorio familiar, allí donde se reúnen a orar, hablen de cómo puede intimidar usar los dones. Una de las cosas más intimidantes de usar nuestros dones es que ya pudimos haber conseguido aquello que pretendíamos hacer. Al imaginar cómo crecen sus dones, escriba o dibuje cosas que podrían obstruir emplear sus dones en plenitud. Invite a los hijos a compartir cómo se sienten ante esos obstáculos. Tómense unos momentos para hablar de esas emociones y luego aliente a los niños a deshacerse de esos obstáculos, colocándolos en las manos de Dios.

Nuestro Señor Jesucristo, Rey del Universo

Escuchar la Palabra

Mateo 25:31-40

En el nombre del Padre, del Hijo y del Espíritu Santo.

En aquel tiempo, Jesús dijo a sus discípulos: "Cuando venga el Hijo del hombre, rodeado de su gloria, acompañado de todos sus ángeles, se sentará en su trono de gloria. Entonces serán congregadas ante él todas las naciones, y él apartará a los unos de los otros, como aparta el pastor a las ovejas de los cabritos, y pondrá a las ovejas a su derecha y a los cabritos a su izquierda.

Entonces dirá el rey a los de su derecha: 'Vengan, benditos de mi Padre; tomen posesión del Reino preparado para ustedes desde la creación del mundo; porque estuve hambriento y me dieron de comer, sediento y me dieron de beber, era forastero y me hospedaron, estuve desnudo y me vistieron, enfermo y me visitaron, encarcelado y fueron a verme'. Los justos le contestarán entonces: 'Señor, ¿cuándo te vimos hambriento y te dimos de comer, sediento y te dimos de beber? ¿Cuándo te vimos de forastero y te hospedamos, o desnudo y te vestimos? ¿Cuándo te vimos enfermo o encarcelado y te fuimos a ver?' Y el rey les dirá: 'Yo les aseguro que, cuando lo hicieron con el más insignificante de mis hermanos, conmigo lo hicieron'".

Reflexionar la palabra

Cuando reconocemos a Cristo como Rey, recordamos nuestra vocación bautismal y nuestra unción en ese sacramento. Hechos a imagen de Dios, en nuestro bautismo, hicimos la promesa de reflejar lo divino en todo lo que hacemos. Si nos fijamos en esta llamada, las personas se sentirán atraídas por la chispa de divinidad que brilla por nosotros. Con orgullo, busque un recuerdo de su bautismo o elabore una corona que le sirva como referencia.

• • • • • • CAMINO A MISA

Comparta cómo o cuándo piensa en Dios en las circunstancias diarias.

CAMINO A CASA • • • • • •

¿En qué nota usted que Dios reina en su corazón?

Vivir la palabra

Prepárense una cena de reyes, e invite a que todos se vistan de etiqueta formal. Si quieren, elaboren coronas para decorar el comedor o para ponérselas. Sabiendo que Dios es el rey supremo, conversen sobre cómo podemos ser instrumentos del amor de Dios en la tierra. Por ser reyes y reinas, tenemos la responsabilidad de cuidar todo lo que Dios nos ha dado, además de vivir justa y honestamente. Al concluir la cena, invite a que cada uno haga un "decreto real" para ejecutar el amor de Dios entre ustedes.

Primer Domingo de Adviento

Escuchar la Palabra

Marcos 13:33–37

En el nombre del Padre, del Hijo y del Espíritu Santo.

En aquel tiempo, Jesús dijo a sus discípulos: "Velen y estén preparados, porque no saben cuándo llegará el momento. Así como un hombre que se va de viaje, deja su casa y encomienda a cada quien lo que debe hacer y encarga al portero que esté velando, así también velen ustedes, pues no saben a qué hora va a regresar el dueño de la casa: si al anochecer, a la medianoche, al canto del gallo o a la madrugada. No vaya a suceder que llegue de repente y los halle durmiendo. Lo que les digo a ustedes, lo digo para todos: permanezcan alerta".

Reflexionar la palabra

Las palabras de un canto del Adviento nos recuerdan que "todos los pueblos te esperan ya". Aguardamos vigilantes como tiene que estar el portero del relato del evangelio. Esta atención requiere una paciencia inagotable. Este tipo de paciencia no se encuentra en una sociedad acostumbrada a la comida rápida y a la comunicación instantánea. El Adviento nos llama a cultivar la paciencia conforme buscamos los caminos del Señor en nuestra vida cotidiana. ¿Está usted vigilando a ese Dios que se nos asoma en cada situación de la vida?

••••••CAMINO A MISA

¿Qué espera usted en su vida?

CAMINO A CASA ••••••

¿De qué manera está usted vigilante a la llegada del Señor?

Vivir la palabra

Encienda una vela y decidan en familia cómo van a esperar la Navidad. Quizá convenga guardar los rojos y verdes navideños y sacar los violetas secos del Adviento. Elaboren una corona de Adviento y cada noche enciendan una vela. No se apresure a poner el árbol, y luego vaya decorándolo progresivamente. Comience con las luces, luego a la semana siguiente ponga la estrella y algún oropel, y la última semana las esferas. La Navidad se acerca.

Inmaculada Concepción de la Santísima Virgen María

Escuchar la Palabra

Lucas 1:26-38

En el nombre del Padre, del Hijo y del Espíritu Santo.

En aquel tiempo, el ángel Gabriel fue enviado por Dios a una ciudad de Galilea, llamada Nazaret, a una virgen desposada con un varón de la estirpe de David, llamado José. La virgen se llamaba María.

Entró el ángel a donde ella estaba y le dijo: "Alégrate, llena de gracia, el Señor está contigo". Al oír estas palabras, ella se preocupó mucho y se preguntaba qué querría decir semejante saludo.

El ángel le dijo: "No temas, María, porque has hallado gracia ante Dios. Vas a concebir y a dar a luz un hijo y le pondrás por nombre Jesús. El será grande y será llamado Hijo del Altísimo; el Señor Dios le dará el trono de David, su padre, y él reinara sobre la casa de Jacob por los siglos y su reinado no tendrá fin".

María le dijo entonces al ángel: "¿Cómo podrá ser esto, puesto que yo permanezco virgen?". El ángel le contesto: "El Espíritu Santo descenderá sobre ti y el poder del Altísimo te cubrirá con su sombra. Por eso, el Santo, que va a nacer de ti, será llamado Hijo de Dios. Ahí tienes a tu parienta Isabel, que a pesar de su vejez, ha concebido un hijo y ya va en el sexto mes la que llamaban estéril, porque no hay nada imposible para Dios". María contestó: "Yo soy la esclava del Señor, cúmplase en mí lo que me has dicho". Y el ángel se retiró de su presencia.

Reflexionar la palabra

Al celebrar la existencia de María, recordamos su razón de ser. María le dio a Jesús su cuerpo y su sangre en su vientre, y lo alumbró al mundo. Su compromiso para vaciarse de sí misma, de sus planes, de sus sueños, le permitieron llenarse del Espíritu Santo, y de nada más. Su fuerza y gracia hicieron posible la llegada de Cristo en una forma tan inusitada como efectiva. Gracias a María, Dios fue capaz de verdadera y completamente estar con nosotros, en nuestra humanidad.

······CAMINO A MISA

¿De qué necesita usted vaciarse para darle cabida al Espíritu Santo?

CAMINO A CASA ······

¿Alguna vez ha dicho usted sí a Dios? Cuente cómo fue.

Vivir la palabra

Encienda una vela en el espacio que suelen usar para orar en familia. Pídales a todos que piensen con cuánta frecuencia dicen "no", cuando alguien les pide algo. Invítelos a que esta semana digan "sí", a lo que no acostumbran decirlo. Motive a que platiquen sobre lo intimidante que puede ser decir "sí" en ciertas ocasiones. Quizá los niños quieran conversar con la familia sus temores y dudas para decir "sí". Recuérdeles que el "sí" de María le cambió su vida.

10 de diciembre de 2017

Segundo Domingo de Adviento

Escuchar la Palabra

Marcos 1:1–5, 7–8

En el nombre del Padre, del Hijo y del Espíritu Santo.

Éste es el principio del Evangelio de Jesucristo, Hijo de Dios. En el libro del profeta Isaías está escrito: / *He aquí que yo envío a mi mensajero delante de ti, / a preparar tu camino. / Voz del que clama en el desierto: / "Preparen el camino del Señor, / enderecen sus senderos".*

En cumplimiento de esto, apareció en el desierto Juan el Bautista predicando un bautismo de arrepentimiento, para el perdón de los pecados. A él acudían de toda la comarca de Judea y muchos habitantes de Jerusalén; reconocían sus pecados y él los bautizaba en el Jordán.

Juan usaba un vestido de pelo de camello, ceñido con un cinturón de cuero y se alimentaba de saltamontes y miel silvestre. Proclamaba: "Ya viene detrás de mí uno que es más poderoso que yo, uno ante quien no merezco ni siquiera inclinarme para desatarle la correa de sus sandalias. Yo los he bautizado a ustedes con agua, pero él los bautizará con el Espíritu Santo".

Reflexionar la palabra

Juan Bautista nos da la oportunidad de recordar nuestra habilidad y necesidad de hacernos presentes en la historia de Cristo tal como hoy se desarrolla. El camino no es lo claro que nos gustaría. Estamos llamados a proclamar el perdón de los pecados, hoy más que nunca. Así preparamos el camino del Señor. Pero nos preparamos al volver amablemente nuestro corazón y mente al amor y aceptación de Dios. En este tiempo de tinieblas, estamos llamados a ser luz unos de otros.

......CAMINO A MISA

¿Se siente preparado para encontrarse con Cristo si él llegara hoy?

CAMINO A CASA ......

¿Cómo podemos ser luz en un mundo lleno de oscuridad?

Vivir la palabra

Lleve luz a su casa esta noche. En familia, elaboren o decoren una vela con su candelero y colóquenla en la mesa del comedor, para crear una atmósfera cálida y animosa, en este tiempo de oscuridad. Déjela allí para que nos recuerde que hay que preparar continuamente nuestra mente y corazón. Usted puede usar pedacitos de papel y una mezcla de agua y pegamento o una especie de engrudo, para cubrir el exterior de una vasija de cristal, para hacer una especie de vidriera de colores, y coloque la vela adentro, para crear un efecto de vitral.

17 de diciembre de 2017

TERCER DOMINGO DE ADVIENTO

Escuchar la Palabra

Juan 1:6–8, 19–20, 23–28

En el nombre del Padre, del Hijo y del Espíritu Santo.

Hubo un hombre enviado por Dios, que se llamaba Juan. Este vino como testigo, para dar testimonio de la luz, para que todos creyeran por medio de él. Él no era la luz, sino testigo de la luz.

Éste es el testimonio que dio Juan el Bautista, cuando los judíos enviaron desde Jerusalén a unos sacerdotes y levitas para preguntarle: "¿Quién eres tú?". Él reconoció y no negó quién era. Él afirmó: "Yo no soy el Mesías... *Yo soy la voz que grita en el desierto: 'Enderecen el camino del Señor'*, como anunció el profeta Isaías".

Los enviados, que pertenecían a la secta de los fariseos, le preguntaron: "Entonces ¿por qué bautizas, si no eres el Mesías, ni Elías, ni el profeta?". Juan les respondió: "Yo bautizo con agua, pero en medio de ustedes hay uno, al que ustedes no conocen, alguien que viene detrás de mí, a quien yo no soy digno de desatarle las correas de sus sandalias".

Esto sucedió en Betania, en la otra orilla del Jordán, donde Juan bautizaba.

Reflexionar la palabra

Con toda claridad, Juan nos muestra que no debemos pensar que nosotros somos la luz, sino que reflejamos la luz de Cristo. Incluso siendo Juan tan importante, y con todos los discípulos que tenía, supo que no era él, sino aquél de quien él hablaba el que atraía al pueblo. Darnos cuenta de nuestro verdadero papel asegura que nuestro mensaje y acciones están al servicio de Dios. Recordar esto continuamente, nos hace capaces de poder ayudar a otros. Si usted habla palabras de Cristo, la gente lo escuchará.

•••••• CAMINO A MISA

Platique con su familia de alguna ocasión en la que sus palabras y acciones reflejaron las de Cristo.

CAMINO A CASA ••••••

Compartan sobre algunas de las maneras como el servicio litúrgico de hoy reflejó la luz de Cristo verdadera o simbólicamente.

Vivir la palabra

Conversen sobre cómo los miembros de la familia pueden reflejar entre sí la luz y el amor de Dios, en lo que hacen y dicen. Elaboren un *collage* de luces multicolores. Ahora que nos encaminamos a la Navidad, acondicione un espacio en su casa en el que los miembros de su familia puedan colgar o colocar velas de papel con aquellas acciones o palabras de los demás que den luz y calor a todos. Coloque todas las que quiera, cada día. Pregunte a sus hijos cómo se sienten ante tantas velas multicolores.

24 de diciembre de 2017

Cuarto Domingo de Adviento

Escuchar la Palabra

Lucas 1:26–28, 30–33, 35–38

En el nombre del Padre, del Hijo y del Espíritu Santo.

En aquel tiempo, el ángel Gabriel fue enviado por Dios a una ciudad de Galilea, llamada Nazaret, a una virgen desposada con un varón de la estirpe de David, llamado José. La virgen se llamaba María.

Entró el ángel a donde ella estaba y le dijo: "Alégrate, llena de gracia, el Señor está contigo...

No temas, María, porque has hallado gracia ante Dios. Vas a concebir y a dar a luz un hijo y le pondrás por nombre Jesús. Él será grande y será llamado Hijo del Altísimo; el Señor Dios le dará el trono de David, su padre, y él reinará sobre la casa de Jacob por los siglos y su reinado no tendrá fin...

El Espíritu Santo descenderá sobre ti y el poder del Altísimo te cubrirá con su sombra. Por eso, el Santo, que va a nacer de ti, será llamado Hijo de Dios. Ahí tienes a tu parienta Isabel, que a pesar de su vejez, ha concebido un hijo y ya va en el sexto mes la que llamaban estéril, porque no hay nada imposible para Dios". María contestó: "Yo soy la esclava del Señor; cúmplase en mí lo que me has dicho". Y el ángel se retiró de su presencia.

Reflexionar la palabra

A punto de celebrar la Navidad, reconocemos que el mundo es tan imperfecto como cuando Gabriel visitó a María, y Jesús vino al mundo. Preparados o no, Cristo ya viene, y nuestro nivel de preparación determinará cuánto somos capaces de recibir. Jesús no esperará a venir hasta que la tiniebla desaparezca. ¡Vendrá justamente en medio de ella y la iluminará! Que el Señor los acompañe en todos los preparativos para recibir a Cristo Niño.

...... CAMINO A MISA

De ser usted Gabriel, ¿cómo hubiera saludado a María?

CAMINO A CASA ......

¿Cuál es el mensaje que usted considera que su Ángel de la Guarda le tiene?

Vivir la palabra

Invite a cada miembro de su familia a enviar hoy un mensaje de ángel al miembro de otra familia. Sortee los nombres y dele a cada quien tiempo para que componga un mensaje angélico y especial. Coloque esos mensajes bajo el árbol de Navidad. Los mensajes serán entregados de palabra o por foto, y deben tener tres partes: 1) saludo (como, Salve *nombre* lleno de alegría, humor, amor, o cualquier otra cualidad); 2) bendición (Bendito seas por ___); 3) mensaje especial por Navidad. Estos mensajes se pueden colocar en un sitio prominente durante la temporada de la Navidad.

25 de diciembre de 2017

Natividad del Señor

Escuchar la Palabra

Juan 1:1–5, 14

En el nombre del Padre, del Hijo y del Espíritu Santo.

En el principio ya existía aquel que es la Palabra, / y aquel que es la Palabra estaba con Dios y era Dios. / Ya en el principio él estaba con Dios. / Todas las cosas vinieron a la existencia por él / y sin él nada empezó de cuanto existe. / Él era la vida, y la vida era la luz de los hombres. / La luz brilla en las tinieblas / y las tinieblas no la recibieron.

Y aquel que es la Palabra se hizo hombre / y habitó entre nosotros. / Hemos visto su gloria, / gloria que le corresponde como a Unigénito del Padre, / lleno de gracia y de verdad.

Reflexionar la palabra

Es imposible comprender cómo es que Dios envió a su Hijo para ser luz entre nosotros. Llenar la oscuridad con luz inutiliza la presencia de la tiniebla. Esto significa que no necesitamos controlar nuestro ambiente, sino simplemente dejarla brillar. Dondequiera que hay luz no queda espacio para la oscuridad. Hay que llenar nuestra existencia completamente de luz, para que la oscuridad no se refugie en ningún rincón. Una sola luz puede iluminar una habitación y una sola vida puede sanar al mund.

• • • • • • CAMINO A MISA

¿Tiene usted miedo a la oscuridad? ¿Por qué sí o por qué no?

CAMINO A CASA • • • • • •

¿Cuál es su tradición navideña favorita? ¿Hay alguna otra que le gustaría recuperar?

Vivir la palabra

Celebramos a la Palabra hecha carne. Cada miembro de la familia puede elegir una palabra que nos recuerde la luz de Cristo para compartir. Cada vez que esa palabra sea pronunciada, la persona puede juntar sus manos en una breve oración o jaculatoria. Fíjese si algún otro miembro de la familia hace lo mismo. Pueden jugar a ver cuántas veces esa palabra es usada en una hora, en una conversación, o a la hora de la comida. Noten lo poderosas que son las palabras para iluminarnos la vida.

Sagrada Familia de Jesús, María y José

Escuchar la Palabra

Lucas 2:22, 39–40

En el nombre del Padre, del Hijo y del Espíritu Santo.

Transcurrido el tiempo de la purificación de María, según la ley de Moisés, ella y José llevaron al niño a Jerusalén para presentarlo al Señor. Cuando cumplieron todo lo que prescribía la ley del Señor, se volvieron a Galilea, a su ciudad de Nazaret. El niño iba creciendo y fortaleciéndose, se llenaba de sabiduría y la gracia de Dios estaba con él.

Reflexionar la palabra

María y José son padres que se preocuparon por observar las costumbres que formaban parte de su fe. Transmitir la fe era muy importante para la sagrada familia. A menudo, los padres se sienten muy ocupados para llevar a sus hijos a misa y enseñarles sus oraciones. Pero María y José se apartaron de su rutina para cumplir con las prácticas de su fe.

······CAMINO A MISA

Diga por qué es importante la religión para usted.

CAMINO A CASA ······

¿Por qué asistimos a misa?

Vivir la palabra

Hable con los niños sobre la importancia de la fe dentro de la familia, cuando usted era chico. Hable de las maneras en las que la fe era practicada en casa. Acuerden un modo nuevo para practicar la fe en su casa. Pueden comenzar a rezar antes o después de las comidas, o hacer juntos alguna oración por la tarde.

Epifanía del Señor

Escuchar la Palabra

Mateo 2:7-12

En el nombre del Padre, del Hijo y del Espíritu Santo.

Entonces Herodes llamó en secreto a los magos, para que le precisaran el tiempo en que se les había aparecido la estrella y los mandó a Belén, diciéndoles: "Vayan a averiguar cuidadosamente qué hay de ese niño, y cuando lo encuentren, avísenme para que yo también vaya a adorarlo".

Después de oír al rey, los magos se pusieron en camino, y de pronto la estrella que habían visto surgir, comenzó a guiarlos, hasta que se detuvo encima de donde estaba el niño. Al ver de nuevo la estrella, se llenaron de inmensa alegría. Entraron en la casa y vieron al niño con María, su madre, y postrándose, lo adoraron. Después, abriendo sus cofres, le ofrecieron regalos: oro, incienso y mirra. Advertidos durante el sueño de que no volvieran a Herodes, regresaron a su tierra por otro camino.

Reflexionar la palabra

Las figuras de los Reyes Magos ilustran que Jesús vino a curar al mundo entero, no a un grupito de elegidos. Esos viajeros desde tierras lejanas, nos hacen ver lo poderoso que es el mensaje de esperanza y perdón. Dios alcanza a todos con amor, sin importar el país de origen.

······CAMINO A MISA

¿Por qué la gente viaja de tan lejos para ver al Niño Dios?

CAMINO A CASA ······

¿Qué le sugiere a usted la palabra *epifanía*?

Vivir la palabra

Los Reyes Magos navegaron con la luz de una estrella. Invite a su familia a estar en la oscuridad de la noche. Vea qué se siente estar sin luz artificial. Después de que sus ojos se hayan ajustado a la oscuridad, escoja a una persona para ser la "estrella" e iluminar la habitación con una sola lámpara. Note qué tan rápido puede encontrar a los demás. La persona que lo consiga será la próxima "estrella", y así sucesivamente. Pase algún tiempo reflexionando qué tan larga habrá sido la travesía de los Reyes Magos y lo emocionante que habrá sido encontrar a Jesús.

14 de enero de 2018

Segundo Domingo del Tiempo Ordinario

Escuchar la Palabra

Juan 1:35–42

En el nombre del Padre, del Hijo y del Espíritu Santo.

En aquel tiempo, estaba Juan el Bautista con dos de sus discípulos, y fijando los ojos en Jesús, que pasaba, dijo: "Éste es el Cordero de Dios". Los dos discípulos, al oír estas palabras, siguieron a Jesús. Él se volvió hacia ellos, y viendo que lo seguían, les preguntó: "¿Qué buscan?". Ellos le contestaron: "¿Dónde vives, Rabí?" (Rabí significa "maestro"). Él les dijo: "Vengan a ver".

Fueron, pues, vieron dónde vivía y se quedaron con él ese día. Eran como las cuatro de la tarde. Andrés, hermano de Simón Pedro, era uno de los dos que oyeron lo que Juan el Bautista decía y siguieron a Jesús. El primero a quien encontró Andrés, fue a su hermano Simón, y le dijo: "Hemos encontrado al Mesías" (que quiere decir "el Ungido"). Lo llevó a donde estaba Jesús y éste fijando en él la mirada, le dijo: "Tú eres Simón, hijo de Juan. Tú te llamarás Kefás" (que significa Pedro, es decir "roca").

Reflexionar la palabra

Conforme la Iglesia regresa al Tiempo Ordinario, nos encontramos con la emoción de los discípulos al reconocer y seguir a Jesús. El Tiempo Ordinario en el año litúrgico es todo menos "ordinario". Al retomar el verde y movernos de la emoción del pesebre, nos encontramos con relatos sobre la vida de Jesús. Cuando escuchamos de las enseñanzas y curaciones de Jesús, aprendemos lo que significa ser hijas e hijos de Dios. Es en el "tiempo ordinario" cuando vivimos verdaderamente y llevamos a cabo nuestra misión.

······ CAMINO A MISA

Identifique algo extraordinario en lo ordinario de su vida.

CAMINO A CASA ······

¿Qué nota usted en el ornato de la iglesia al comparar los tiempos de Adviento y Navidad?

Vivir la palabra

Con su familia, revise en este pasaje las muchas promesas que Dios nos hace mediante los nombres que se le dan a Jesús. Palabra y frases como *Rabí* y *Mesías*, y el *Cordero de Dios*. Al usar la Biblia, vea si usted puede encontrar más imágenes o frases que describen a Dios. (Pista: Dios usa muchas en sus parábolas). Invite a cada miembro de su familia a describir una imagen mediante una acción, un poema o un dibujo. Reúnanse a compartir sus reflexiones. Anime a los miembros de su familia a explicar por qué escogieron esa palabra o frase.

21 de enero de 2018

TERCER DOMINGO DEL TIEMPO ORDINARIO

Escuchar la Palabra

Marcos 1:14–20

En el nombre del Padre, del Hijo y del Espíritu Santo.

Después de que arrestaron a Juan el Bautista, Jesús se fue a Galilea para predicar el Evangelio de Dios y decía: "Se ha cumplido el tiempo y el Reino de Dios ya está cerca. Arrepiéntanse y crean en el Evangelio".

Caminaba Jesús por la orilla del lago de Galilea, cuando vio a Simón y a su hermano, Andrés, echando las redes en el lago, pues eran pescadores. Jesús les dijo: "Síganme y haré de ustedes pescadores de hombres". Inmediatamente dejaron las redes y lo siguieron.

Un poco más adelante, vio a Santiago y a Juan, hijos de Zebedeo, que estaban en una barca, remendando sus redes. Los llamó, y ellos, dejando en la barca a su padre con los trabajadores, se fueron con Jesús.

Reflexionar la palabra

Para atrapar un pez, se necesita el aparejo adecuado, ir al sitio donde se encuentra el pez y ¡armarse de paciencia! No podemos esperar que llegue la gente a llamar a nuestra puerta buscando escuchar el mensaje de Cristo; debemos ir a su encuentro equipados con nuestro conocimiento de la Biblia y nuestra fe. Muchos no están interesados ni dispuestos a escuchar las Buenas Nuevas, y entonces es cuando practicamos la paciencia. Si Jesús solo vino para aquellos que estaban dispuestos a entrar por las puertas del cielo, ¿cuál era el propósito? Nos corresponde orientar a todos, con amabilidad y cariño, a su mensaje de paz y amor.

......CAMINO A MISA

¿Qué necesita hacer usted para poder atrapar un pez?

CAMINO A CASA ......

¿Cómo experimenta usted su vocación a ser pescador de personas? ¿Qué tipo de instrumental necesita usted?

Vivir la palabra

Jesús tiene muchos instrumentos para atraer a sus seguidores que por dondequiera que iba había gente escuchándolo y dejando todo lo que sabían y amaban para seguirlo. Con cuidados y ternura, la familia va creando una red de cariño para atraer al "pez". Cada nexo puede representar algo para atraer a la gente a Dios. Pida a los miembros de su familia reflexionar en las razones por las cuales ellos practican su fe. Anímelos a discutir lo que las personas encontraban y todavía encuentran atractivo en Jesús. Conforme usted va tejiendo su red, siéntase libre para agregarle algo. Cuélguelo de la puerta o del techo a la entrada para recordar que siempre está "pescando".

28 de enero de 2018

Cuarto Domingo del Tiempo Ordinario

Escuchar la Palabra

Marcos 1:21–28

En el nombre del Padre, del Hijo y del Espíritu Santo.

En aquel tiempo, se hallaba Jesús en Cafarnaúm y el sábado fue a la sinagoga y se puso a enseñar. Los oyentes quedaron asombrados de sus palabras, pues enseñaba como quien tiene autoridad y no como los escribas.

Había en la sinagoga un hombre poseído por un espíritu inmundo, que se puso a gritar: "¿Qué quieres tú con nosotros, Jesús de Nazaret? ¿Has venido a acabar con nosotros? Ya sé quién eres: el Santo de Dios". Jesús le ordenó: "¡Cállate y sal de él!". El espíritu inmundo, sacudiendo al hombre con violencia y dando un alarido, salió de él. Todos quedaron estupefactos y se preguntaban: "¿Qué es esto? ¿Qué nueva doctrina es ésta? Este hombre tiene autoridad para mandar hasta a los espíritus inmundos y lo obedecen". Y muy pronto se extendió su fama por toda Galilea.

Reflexionar la palabra

Las tentaciones y seducciones de la vida diaria se sienten bastante como entidades reales o "espíritus" que hay que combatir, como en el tiempo de Jesús. Cuando vemos vicios y pecado como entidades poderosas a vencer, podemos tomarlas con mayor seriedad. No son elecciones de una sola vez, sino fuerzas que están sobre nosotros como una nube y nos confunden a la hora de discernir o tomar una decisión. No estamos lejos de la Cuaresma. Quizá sea este el tiempo para analizar las fuerzas que gobiernan nuestros pensamientos y acciones.

•••••• CAMINO A MISA

Piense en algo que usted quiera traer a la presencia de Cristo a la misa de hoy.

CAMINO A CASA ••••••

¿Dónde y cómo ha experimentado usted la autoridad y la presencia de Cristo en la misa de hoy?

Vivir la palabra

Todos luchamos con espíritus impuros, pero la autoridad de Jesús dice que no pueden permanecer con nosotros si no los queremos. Solo se quedan con nuestro permiso. Invite a los miembros de su familia a una ceremonia con agua, en la que va a invitar a que cada quien se lave de algo con lo que lucha regularmente. Cada persona puede escribir algo en una tira de papel con un marcador lavable; coloquen el papel en una vasija transparente con agua y observen cómo los colores corren y se disuelven bellamente. Explique cómo con Dios todas las cosas pueden ser completas y bellas otra vez.

4 de febrero de 2018

Quinto Domingo del Tiempo Ordinario

Escuchar la Palabra

Marcos 1:29-39

En el nombre del Padre, del Hijo y del Espíritu Santo.

En aquel tiempo, al salir Jesús de la sinagoga, fue con Santiago y Juan a casa de Simón y Andrés. La suegra de Simón estaba en cama, con fiebre, y enseguida le avisaron a Jesús. Él se le acercó, y tomándola de la mano, la levantó. En ese momento se le quitó la fiebre y se puso a servirles.

Al atardecer, cuando el sol se ponía, le llevaron a todos los enfermos y poseídos del demonio, y todo el pueblo se apiñó junto a la puerta. Curó a muchos enfermos de diversos males y expulsó a muchos demonios, pero no dejó que los demonios hablaran, porque sabían quién era él.

De madrugada, cuando todavía estaba muy oscuro, Jesús se levantó, salió y se fue a un lugar solitario, donde se puso a orar. Simón y sus compañeros lo fueron a buscar, y al encontrarlo, le dijeron: "Todos te andan buscando". Él les dijo: "Vamos a los pueblos cercanos para predicar también allá el Evangelio, pues para eso he venido". Y recorrió toda Galilea, predicando en las sinagogas y expulsando a los demonios.

Reflexionar la palabra

"Para esto he venido", dijo Jesús. Él predicaba y curaba. No construyó nada, ni gobernó ni inventó nada. Al predicar y curar iba haciendo algo más. Las personas curadas y que habían oído la Buena nueva de Dios, dejaban de vivir con miedo o a su propio gusto. Las comunidades que habían escuchado el evangelio, se reunían para atender las necesidades de los demás. Debemos tener confianza en el bien que fluye de la fe.

•••••• CAMINO A MISA

¿Por qué Jesús curaba a las personas?

CAMINO A CASA ••••••

¿Por qué Jesús pasaba tiempo en oración antes de curar a las personas?

Vivir la palabra

Reúna a la familia en el lugar de oración, encienda una vela y solicite que pidan por la salud de algunas personas enfermas. Si lo consideran apropiado, pueden hacer una tarjeta con el deseo de que se mejoren y dejarles saber que están orando por ellos. Hable sobre el poder de la oración y de cómo Jesús cura nuestro cuerpo, mente y alma. Comparta con los niños que nosotros participamos del ministerio sanador de Jesús, cuando cuidamos a los demás.

Sexto Domingo del Tiempo Ordinario

Escuchar la Palabra

Marcos 1:40–45

En el nombre del Padre, del Hijo y del Espíritu Santo.

En aquel tiempo, se le acercó a Jesús un leproso para suplicarle de rodillas: "Si tú quieres, puedes curarme". Jesús se compadeció de él, y extendiendo la mano, lo tocó y le dijo: "¡Sí quiero: Sana!". Inmediatamente se le quitó la lepra y quedó limpio.

Al despedirlo, Jesús le mandó con severidad: "No se lo cuentes a nadie; pero para que conste, ve a presentarte al sacerdote y ofrece por tu purificación lo prescrito por Moisés".

Pero aquel hombre comenzó a divulgar tanto el hecho, que Jesús no podía ya entrar abiertamente en la ciudad, sino que se quedaba fuera, en lugares solitarios, a donde acudían a él de todas partes.

Reflexionar la palabra

El texto es un acertijo. Jesús claramente le pide al leproso no decir nada a nadie, pero enseguida este comienza a contarlo a todo mundo. Según parece, el leproso habría obedecido el mandato de Jesús si y solo si hubiera merecido quedar limpio. Quizá, quedar curado no depende del seguimiento puntual de cada orden. Jesús sabe que nuestra humanidad no siempre encarna el don de su amor. Con todo, él da su amor libremente, sabiendo que a veces lo seguimos y a veces lo desobedecemos.

• • • • • • CAMINO A MISA

De ser usted el leproso, ¿le habría contado a otros lo que hizo Jesús? ¿Por qué sí? ¿Por qué no?

CAMINO A CASA • • • • • •

¿Qué significa estar limpio por dentro y limpio por fuera?

Vivir la palabra

Proponga a la familia limpiar una habitación. Los miembros de la familia han de ver esta limpieza como una oportunidad para un cambio físico del espacio y de las intenciones. Por ejemplo, si ustedes limpian la cocina, acomoden las cosas de modo que promuevan la hospitalidad o un sentido de refrigerio. Si limpian un clóset, aprovechen el tiempo para pensar en purificar el espacio de su vida e incluso aquello que disimula como una necesidad. Pueden también limpiar juntos una habitación o cada quien puede escoger una; de cualquier modo, procure que esto se convierta en una purificación interior y exterior.

Primer Domingo de Cuaresma

Escuchar la Palabra

Marcos 1:12–15

En el nombre del Padre, del Hijo y del Espíritu Santo.

En aquel tiempo, el Espíritu impulsó a Jesús a retirarse al desierto, donde permaneció cuarenta días y fue tentado por Satanás. Vivió allí entre animales salvajes, y los ángeles le servían.

Después de que arrestaron a Juan el Bautista, Jesús se fue a Galilea para predicar el Evangelio de Dios y decía: "Se ha cumplido el tiempo y el Reino de Dios ya está cerca. Arrepiéntanse y crean en el Evangelio".

Reflexionar la palabra

"Creer en el evangelio". En medio de la tentación y las bestias salvajes, Jesús estaba en presencia de los ángeles. Quizás aquí esté operando el creer en el Evangelio en su máxima expresión; justo en medio de ambos, del bien y del mal. Nuestra fe nos impulsa a cambiar y a crecer, sin importar lo que nos rodea. San Pablo nos recuerda que una fe sin obras es una fe muerta, y la Cuaresma es un tiempo especial para examinar cómo encarnamos nuestra fe entre lo bueno y lo malo, y para hacer algo al respecto.

• • • • • • CAMINO A MISA

¿Alguna vez usted experimentó algo bueno en medio de una mala experiencia?

CAMINO A CASA • • • • • •

Comienza la Cuaresma, ¿percibe usted algo diferente durante la Cuaresma?

Vivir la palabra

Pregunte a la familia: ¿qué estamos haciendo para mostrar nuestras creencias en el Evangelio durante este tiempo de Cuaresma? ¿Qué cosas podemos hacer en casa para que se note que es un tiempo de renovación? En tanto que cada quien puede tener algo específico en mente, mire si hay algo que ustedes puedan hacer en familia. Quizá sea una simple plegaria por la mañana o dejar la televisión, la computadora, o el iPad por unos días, para leer un buen libro o visitar a personas solitarias o hacer algo en familia.

25 de febrero de 2018

Segundo Domingo de Cuaresma

Escuchar la Palabra

Marcos 9:2-10

En el nombre del Padre, del Hijo y del Espíritu Santo.

En aquel tiempo, Jesús tomó aparte a Pedro, a Santiago y a Juan, subió con ellos a un monte alto y se transfiguró en su presencia. Sus vestiduras se pusieron esplendorosamente blancas, con una blancura que nadie puede lograr sobre la tierra. Después se les aparecieron Elías y Moisés, conversando con Jesús.

Entonces Pedro le dijo a Jesús: "Maestro, ¡qué a gusto estamos aquí! Hagamos tres chozas, una para ti, otra para Moisés y otra para Elías". En realidad no sabía lo que decía, porque estaban asustados.

Se formó entonces una nube, que los cubrió con su sombra, y de esta nube salió una voz que decía: "Éste es mi Hijo amado; escúchenlo".

En ese momento miraron alrededor y no vieron a nadie sino a Jesús, que estaba solo con ellos.

Cuando bajaban de la montaña, Jesús les mandó que no contaran a nadie lo que habían visto, hasta que el Hijo del hombre resucitara de entre los muertos. Ellos guardaron esto en secreto, pero discutían entre sí qué querría decir eso de "resucitar de entre los muertos".

Reflexionar la palabra

¿A la imagen de quién fue usted creado? ¿Para hacer qué está usted aquí? Jesús y sus discípulos se encontraron con esta interrogante cuando él se transfiguró ante sus ojos. Finalmente vemos a Jesús en su espléndida gloria. Con todo, su vocación no es la de estar resplandeciendo en la cumbre de la montaña; él tiene que bajar para ser el Jesús crucificado. Este es frecuentemente el camino que nos toca andar. No estamos llamados a ser una sola cosa. No todo es gloria o todo sufrimiento. La vida es ambas cosas.

......CAMINO A MISA

Las ropas de Jesús estaban resplandecientes, ¿qué significa esto?

CAMINO A CASA ......

De haber estado allí, en la montaña, ¿se habría querido quedar allí como Pedro, o habría estado ansioso por bajar y ponerse a trabajar?

Vivir la palabra

Anime a su familia para tratar de ver la plenitud de cada uno de los que lo rodean, en lugar de observar uno solo de los aspectos, como usualmente lo hace: mamá, hermana, o hermano. Con esto en mente, este día, invite a que compartan con alguien algún talento o don que quizá los demás no conocen. Al término del día, reúnalos y pregunte si ha cambiado en algo su percepción al conocer un don inesperado en alguien. ¿Se siente alguien motivado a desarrollar algún talento especial? ¿Le gustaría repetir este ejercicio?

4 de marzo de 2018

Tercer Domingo de Cuaresma

Escuchar la Palabra

Juan 2:13–22

En el nombre del Padre, del Hijo y del Espíritu Santo.

Cuando se acercaba la Pascua de los judíos, Jesús llegó a Jerusalén y encontró en el templo a los vendedores de bueyes, ovejas y palomas, y a los cambistas con sus mesas. Entonces hizo un látigo de cordeles y los echó del templo, con todo y sus ovejas y bueyes; a los cambistas les volcó las mesas y les tiró al suelo las monedas; y a los que vendían palomas les dijo: "Quiten todo de aquí y no conviertan en un mercado la casa de mi Padre".

En ese momento, sus discípulos se acordaron de lo que estaba escrito: *El celo de tu casa me devora.*

Después intervinieron los judíos para preguntarle: "¿Qué señal nos das de que tienes autoridad para actuar así?". Jesús les respondió: "Destruyan este templo y en tres días lo reconstruiré". Replicaron los judíos: "Cuarenta y seis años se ha llevado la construcción del templo, ¿y tú lo vas a levantar en tres días?".

Pero él hablaba del templo de su cuerpo. Por eso, cuando resucitó Jesús de entre los muertos, se acordaron sus discípulos de que había dicho aquello y creyeron en la Escritura y en las palabras que Jesús había dicho.

Reflexionar la palabra

En el evangelio de hoy, notamos que Jesús tuvo fuertes emociones, a veces. El relato ilustra lo plenamente humano que Jesús fue, y cómo, si queremos ser santos, debemos abrazar también nuestra humanidad. Una amplia gama de emociones es parte de nuestra humanidad. Es eso lo que hacemos con nuestros sentimientos lo que deja ver cómo nos conectamos con lo divino. Por ejemplo, nunca debemos actuar estando enojados, sino que al sentir el enojo, debemos usar esa energía para ejecutar una acción compasiva por uno mismo o por otros.

• • • • • • CAMINO A MISA

¿Alguna vez se imaginó a Jesús enojado?

CAMINO A CASA • • • • • •

¿Qué desea usted cambiar, al punto de apasionarle? ¿Qué haría?

Vivir la palabra

Actuar con enojo puede ser destructivo, de modo que hay que procurar caminos para trabajar con esto. Al tener estos métodos, acciones motivadas por el enojo pueden dar lugar a otras compasivas. Converse con su familia sobre qué ayuda a calmarse y a sentirse seguro. Respirar profundamente o retirarse a un sitio tranquilo, puede ayudar. ¿Cómo transformar la energía del coraje para una obra buena? ¿Pueden solidarizarse con alguien que está siendo molestado o relegado? En familia, lleven a cabo una acción cargada de compasión esta Cuaresma.

11 de marzo de 2018

Cuarto Domingo de Cuaresma

Escuchar la Palabra

Juan 3:14–21

En el nombre del Padre, del Hijo y del Espíritu Santo.

En aquel tiempo, Jesús dijo a Nicodemo: "Así como levantó Moisés la serpiente en el desierto, así tiene que ser levantado el Hijo del hombre, para que todo el que crea en él tenga vida eterna.

Porque tanto amó Dios al mundo, que le entregó a su Hijo único, para que todo el que crea en él no perezca, sino que tenga vida eterna. Porque Dios no envió a su Hijo para condenar al mundo, sino para que el mundo se salvara por él. El que cree en él no será condenado; pero el que no cree ya está condenado, por no haber creído en el Hijo único de Dios.

La causa de la condenación es ésta: habiendo venido la luz al mundo, los hombres prefirieron las tinieblas a la luz, porque sus obras eran malas. Todo aquél que hace el mal, aborrece la luz y no se acerca a ella, para que sus obras no se descubran. En cambio, el que obra el bien conforme a la verdad, se acerca a la luz, para que se vea que sus obras están hechas según Dios".

Reflexionar la palabra

La luz es prominente en esta lectura. Escuchamos que la gente evita la luz cuando tiene algo que ocultar. Es normal querer ocultar nuestros defectos, pues nos causan vergüenza o tristeza. Sin embargo, estamos conscientes de que las cosas no crecen sanas en la oscuridad, y si queremos transformar nuestras deficiencias para crecer, hay que poner todo de nuestra parte para alcanzar el calor y la energía de la luz de Dios. Allí las cosas se ven diferentes, y lo que creíamos que era demasiado terrible, de hecho, se va transformando cuando lo baña la luz de Dios.

•••••• CAMINO A MISA

¿Por qué algunas veces prefiere usted la oscuridad?

CAMINO A CASA ••••••

¿Qué significa llevar la luz a otras personas?

Vivir la palabra

Esta noche encienda una vela por cada miembro de la familia, y al hacerlo, conversen sobre las maneras como usted percibe el amor de Dios en ellos y cómo ellos son luz para los demás. Dialogue sobre cómo las acciones de Dios son siempre por amor, e invítelos a contar cómo portan el amor de Dios a los demás. ¿Cómo pueden sus acciones iluminar el camino a otra persona? Piensen juntos sobre algunas acciones de la familia que puedan llevar el amor y la luz de Dios a otros. ¿Hay algún proyecto en la iglesia o en el vecindario en el que todos puedan participar juntos?

18 de marzo de 2018

Quinto Domingo de Cuaresma

Escuchar la Palabra

En el nombre del Padre, del Hijo y del Espíritu Santo.

Entre los que habían llegado a Jerusalén para adorar a Dios en la fiesta de Pascua, había algunos griegos, los cuales se acercaron a Felipe, el de Betsaida de Galilea, y le pidieron: "Señor, quisiéramos ver a Jesús".

Felipe fue a decírselo a Andrés; Andrés y Felipe se lo dijeron a Jesús y él les respondió: "Ha llegado la hora de que el Hijo del hombre sea glorificado. Yo les aseguro que si el grano de trigo, sembrado en la tierra, no muere, queda infecundo; pero si muere, producirá mucho fruto. El que se ama a sí mismo, se pierde; el que se aborrece a sí mismo en este mundo, se asegura para la vida eterna.

El que quiera servirme, que me siga, para que donde yo esté, también esté mi servidor. El que me sirve será honrado por mi Padre.

Ahora que tengo miedo, ¿le voy a decir a mi Padre: 'Padre, líbrame de esta hora'? No, pues precisamente para esta hora he venido. Padre, dale gloria a tu nombre". Se oyó entonces una voz que decía: "Lo he glorificado y volveré a glorificarlo".

Reflexionar la palabra

Jesús nos muestra cómo la vida y la muerte están mucho más estrechamente vinculadas de lo que uno pudiera pensar. Se nos enseñó que son opuestos, pero no en este caso. La vida de una planta requiere la muerte de una semilla; la vida de una mariposa requiere la muerte de la oruga, y en nuestro caso una manera nueva de estar en el mundo requiera la muerte de los malos hábitos, las formas de hablar y los modales hirientes. La Cuaresma es un maravilloso tiempo para dejar morir algo que no da fruto en nuestra vida.

• • • • • • CAMINO A MISA

¿Qué necesita una semilla para crecer? ¿Por qué es importante la luz en el proceso de crecimiento?

CAMINO A CASA • • • • • •

¿Qué "fruto" espera tener listo para la Pascua de este año?

Vivir la palabra

Al avanzar la primavera, siembre algunas plantas con su familia. Este proyecto puede ser tan simple como poner unas cuantas semillas de hierbas en una maceta de su sala. Invite a los "sembradores" a nombrar algo que deseen dejar morir para así experimentar la alegría de la nueva vida en la Pascua con Cristo. Anime a cada cual a percibir los signos de la primavera alrededor, conforme vayan apareciendo a lo largo de la semana, y platique de eso durante la comida o cena, como una forma de disponerse a cultivar algo nuevo en su vida.

25 de marzo de 2018

Domingo de Ramos de la Pasión del Señor

Escuchar la Palabra

Marcos 11:1–2, 7–10

En el nombre del Padre, del Hijo y del Espíritu Santo.

Cuando Jesús y los suyos iban de camino a Jerusalén, al llegar a Betfagé y Betania, cerca del monte de los Olivos, les dijo a dos de sus discípulos: "Vayan al pueblo que ven allí enfrente; al entrar, encontrarán amarrado un burro que nadie ha montado todavía. Desátenlo y tráiganmelo...".

Llevaron el burro, le echaron encima los mantos y Jesús montó en él. Muchos extendían su manto en el camino, y otros lo tapizaban con ramas cortadas en el campo. Los que iban delante de Jesús y los que lo seguían, iban gritando vivas: "*¡Hosanna! ¡Bendito el que viene en nombre del Señor! ¡Bendito el reino que llega, el reino de nuestro padre David! ¡Hosanna en el cielo!*".

Reflexionar la palabra

Esta lectura está en fuerte contraste con la Pasión del Viernes Santo, pero alude a lo que está por venir con la Pascua. Poner el "¡Hosanna!" de hoy, junto al "¡Crucifícalo!", es algo difícil. ¿Cómo es posible que Jesús fuera recibido gloriosamente y luego torturado? La realidad de la misión de Jesús requiere ambas cosas. Nuestra historia también tiene momentos alegres y dolorosos. En todo tiempo hay que ser capaces de mirar a Dios, en las alegrías y en las luchas y el dolor. La fe se va templando en todo ello.

•••••• CAMINO A MISA

¿Usted recuerda lo que tiene de especial la liturgia de este día?

CAMINO A CASA ••••••

¿Cómo se sintió en la misa de hoy? ¿Cuál es su parte favorita de la Semana Santa?

Vivir la palabra

Participe toda la familia en alguno de los servicios de la Semana Santa. Como recordatorio de lo que se trata esta semana y de la tensión de mantener la esperanza con el temor, coloque las palmas de hoy en un sitio prominente de su casa, con algunos trozos de papel. Durante la semana invite a sus familiares a que escriban por un lado del papel algo que esperan, y por el otro, algo que temen. La noche del sábado, cuando se encienda el fuego nuevo, queme esos papeles para simbolizar que se lo entregan todo a Dios: temores y esperanzas.

1 de abril de 2018

Domingo de Pascua de la Resurrección del Señor

Escuchar la Palabra

Juan 20:1-9

En el nombre del Padre, del Hijo y del Espíritu Santo.

El primer día después del sábado, estando todavía oscuro, fue María Magdalena al sepulcro y vio removida la piedra que lo cerraba. Echó a correr, llegó a la casa donde estaban Simón Pedro y el otro discípulo, a quien Jesús amaba, y les dijo: "Se han llevado del sepulcro al Señor y no sabemos dónde lo habrán puesto".

Salieron Pedro y el otro discípulo camino del sepulcro. Los dos iban corriendo juntos, pero el otro discípulo corrió más aprisa que Pedro y llegó primero al sepulcro, e inclinándose, miró los lienzos puestos en el suelo, pero no entró.

En eso llegó también Simón Pedro, que lo venía siguiendo, y entró en el sepulcro. Contempló los lienzos puestos en el suelo y el sudario, que había estado sobre la cabeza de Jesús, puesto no con los lienzos en el suelo, sino doblado en sitio aparte. Entonces entró también el otro discípulo, el que había llegado primero al sepulcro, y vio y creyó, porque hasta entonces no habían entendido las Escrituras, según las cuales Jesús debía resucitar de entre los muertos.

Reflexionar la palabra

Al resonar de los aleluyas, sientan el espíritu de regocijo en cada músculo y en cada célula de su cuerpo. Por un momento, permitan sentirse inundados del resplandor de la gracia de Dios. Con frecuencia nos impedimos de sumergirnos en la liturgia. Hoy, deje que el espíritu de la celebración lo invada. Cuando cante el Aleluya, exulte de alegría, siéntalo en su corazón.

...... CAMINO A MISA

¿Cómo le gusta celebrar?

CAMINO A CASA ......

¿Notó cómo luce la iglesia este día? ¿Es alegre?

Vivir la palabra

Cuando María corrió a esparcir la Buena Nueva, nunca se detuvo ni por un instante, sino que corrió hasta donde estaban los discípulos que verificaron todo por sí mismos. Pregunte a sus familiares si alguna vez han escuchado algo que suene demasiado bueno como para que sea verdad, y pídales que hablen al respecto. Rete a cada miembro de su familia a propagar la buena nueva, al menos a otras cinco personas. ¡Quizá ellas quieran contarlo a otras!

8 de abril de 2018

Segundo Domingo de Pascua / de la Divina Misericordia

Escuchar la Palabra

Juan 20:20–23

En el nombre del Padre, del Hijo y del Espíritu Santo.

Cuando los discípulos vieron al Señor, se llenaron de alegría.

De nuevo les dijo Jesús: "La paz esté con ustedes. Como el Padre me ha enviado, así también los envío yo". Después de decir esto, sopló sobre ellos y les dijo: "Reciban al Espíritu Santo. A los que les perdonen los pecados, les quedarán perdonados; y a los que no se los perdonen, les quedarán sin perdonar".

Reflexionar la palabra

Con el aliento del Espíritu Santo, Jesús anima las almas de sus discípulos y los envía a cambiar el mundo. El mismo aliento nos rodea siempre en todo lugar, por donde vayamos. Simplemente necesitamos evocarlo para que él nos llene, y nos de la capacidad de predicar y sanar mediante nuestra vida. No es una vocación reservada a unos pocos. Imagine si con cada aliento que tomamos, bendecimos a aquellos en torno a nosotros. Esa bendición transformará el modo como vemos y somos vistos con cada exhalación.

· · · · · · CAMINO A MISA

¿Cómo piensa usted que los discípulos se sintieron al ver a Cristo otra vez?

CAMINO A CASA · · · · · ·

¿Qué significa para los discípulos perdonar o retener los pecados?

Vivir la palabra

Reúna a su familia en su lugar de oración y guíela por esta meditación. Respiren profundamente y cierren suavemente sus párpados. Noten cómo las pestañas descansan sobre su piel; noten la sensación en las mejillas y cómo sube y baja el abdomen, con la respiración y el batir de su corazón. Por un momento imagínense en un bello lugar en la naturaleza (usted puede ampliar esta descripción) y, al voltear a su derecha, notan que una amable persona los mira. Al acercarse, esta persona coloca sus manos sobre los hombros de ustedes y amablemente sopla sobre la cabeza de cada uno y los llena con una luz cálida y brillante. Al seguirla, cada músculo y cada una de las células se relaja y palpita con vida.

Tercer Domingo de Pascua

Escuchar la Palabra

Lucas 24:36–39

En el nombre del Padre, del Hijo y del Espíritu Santo.

Mientras hablaban... se presentó Jesús en medio de ellos y les dijo: "La paz esté con ustedes". Ellos, desconcertados y llenos de temor, creían ver un fantasma. Pero él les dijo: "No teman; soy yo. ¿Por qué se espantan? ¿Por qué surgen dudas en su interior? Miren mis manos y mis pies. Soy yo en persona. Tóquenme y convénzanse: un fantasma no tiene ni carne ni huesos, como ven que tengo yo". Y les mostró las manos y los pies.

Reflexionar la palabra

"La paz esté con ustedes" es una frase muy poderosa.
No promete que las cosas nunca irán mal o que podemos
controlar completamente lo que nos rodea. No importa qué
pasa o qué pasará, podemos tener paz. Si la paz está con
nosotros, podemos caminar por en medio de la tormenta sin
que nos perturben relámpagos ni rayos. Cuando practicamos
la paz en todo lo que hacemos, permitimos que la paz haga
de nuestra alma su hogar.

• • • • • • CAMINO A MISA

Comente cómo experimentan la paz en su vida.

CAMINO A CASA • • • • • •

Identifique algo que amenace con quitarle la paz.

Vivir la palabra

Practique la paz hoy. Anime a la familia a que escoja una
actividad durante la que todos puedan interactuar pacífica-
mente, rayando en lo exagerado. Todos tienen que sentirse
libres para divertirse, pues el humor es un primo cercano de
la paz y frecuentemente trae armonía a una situación intensa.
Quizás puedan pasar todos un buen rato con un juego de
mesa. Note que es como vivir en paz. ¿Qué es simple, difícil
o disfrutable? ¿Su familia estaría dispuesta a intentar algo
después de la comida?

22 de abril de 2018

Cuarto Domingo de Pascua

Escuchar la Palabra

Juan 10:14–16

En el nombre del Padre, del Hijo y del Espíritu Santo.

[Dijo Jesús:] "Yo soy el buen pastor, porque conozco a mis ovejas y ellas me conocen a mí, así como el Padre me conoce a mí y yo conozco al Padre. Yo doy la vida por mis ovejas. Tengo además otras ovejas que no son de este redil y es necesario que las traiga también a ellas; escucharán mi voz y habrá un solo rebaño y un solo pastor".

Reflexionar la palabra

El Buen Pastor es un ejemplo de liderazgo que provee compasión, cuidado y preocupación. El "conocimiento" del pastor crea una intimidad con sus ovejas. ¿Mira usted reflejados esos atributos en nuestros líderes? ¿La compasión se ve como fortaleza o como debilidad en nuestro sitio de trabajo, en el gimnasio o en el salón? Las metas del pastor se concentran en las ovejas no en la lana que producirán. Los pastores deben atender y cuidar a las ovejas para que estén sanas y para que los lobos no las devoren.

• • • • • • CAMINO A MISA

Comente quién es un líder y un buen pastor a la vez.

CAMINO A CASA • • • • • •

¿Cómo cuida usted la creación de Dios?

Vivir la palabra

Hoy es el Día de la Tierra y una de nuestras responsabilidades por ser pueblo de Dios, es cuidar la tierra y toda la creación de Dios. Así como un pastor cuida de sus ovejas, debemos cuidar nuestros preciosos recursos. Invite a la familia a hacer un compromiso por la tierra que muestre nuestro cariño por ella. Durante la semana, verifique su progreso en una gráfica de la tierra. Observe cuántas cosas la familia puede hacer. Hagan de este cuidado un motivo para su oración familiar de esta semana.

29 de abril de 2018

Quinto Domingo de Pascua

Escuchar la Palabra

Juan 15:1–5

En el nombre del Padre, del Hijo y del Espíritu Santo.

Jesús dijo a sus discípulos: "Yo soy la verdadera vid y mi Padre es el viñador. Al sarmiento que no da fruto en mí, él lo arranca, y al que da fruto lo poda para que dé más fruto.

Ustedes ya están purificados por las palabras que les he dicho. Permanezcan en mí y yo en ustedes. Como el sarmiento no puede dar fruto por sí mismo, si no permanece en la vid, así tampoco ustedes, si no permanecen en mí. Yo soy la vid, ustedes los sarmientos; el que permanece en mí y yo en él, ése da fruto abundante, porque sin mí nada pueden hacer".

Reflexionar la palabra

Podar es tan doloroso como necesario, en nuestra vida y en la viña. Sin embargo, si estamos conectados a la vid, no tenemos que podarnos solos. Podar es duro, pero es posible e incluso puede ser grato en el contexto de una comunidad, y mediante la gracia de la bondad de Dios. Cada día tenemos que elegir para conectarnos con Dios. Cuando estamos unidos a nuestra fuente, podemos producir una cantidad infinita de fruto.

• • • • • • CAMINO A MISA

¿Dónde se siente usted más conectado con Dios?

CAMINO A CASA • • • • • •

¿Qué significa permanecer en Dios?

Vivir la palabra

La primavera es tiempo para que crezca nueva vida. Salga a caminar con su familia y observen todo lo que está creciendo alrededor. Pregunten a los niños si notan que algunas plantas necesitan ya ser podadas. En familia, hagan algún trabajo en el jardín o patio de su casa, o en el del vecino o en la parroquia. Fíjense si hay manera de plantar algo. Pase un buen rato observando el suelo, tome la tierra entre sus manos y aprecie los dones de la primavera y los frutos que lo rodean.

6 de mayo de 2018

SEXTO DOMINGO DE PASCUA

Escuchar la Palabra

Juan 15:9–10

En el nombre del Padre, del Hijo y del Espíritu Santo.

Jesús dijo a sus discípulos: "Como el Padre me ama, así los amo yo. Permanezcan en mi amor. Si cumplen mis mandamientos, permanecen en mi amor; lo mismo que yo cumplo los mandamientos de mi Padre y permanezco en su amor".

Reflexionar la palabra

Permanecer en el amor suena a una cosa maravillosa. ¿Por qué querría alguien querer una vida diferente? Con frecuencia, la gente escoge mirar las cosas malas de este mundo en lugar de mantenerse firme en el infinito amor de Dios. Parece difícil con todo lo que pasa alrededor nuestro, pero recordemos que Dios no nos llama a grandes retos o a algo completamente diferente, sino simplemente a permanecer. Permanecer en el amor que le creó a usted, en esa esa infinita vastedad de bien que hay en usted. Simplemente, permanecer.

•••••• CAMINO A MISA

¿Qué lo ancla al amor de Dios?

CAMINO A CASA ••••••

¿Dónde ha experimentado el amor de Dios en este día?

Vivir la palabra

Uno de los principales modos como experimentamos el amor es mediante el poder de un contacto adecuado. El abrazo de un amigo, la mano de apoyo sobre el hombro, o un apapacho en un día frío. En familia, cree un círculo de amor y vayan tomando turnos para colocarse en medio mientras los demás le hacen contacto con la mano en su cabeza, hombro, o espalda. Sienta el apoyo de permanecer en el amor de Dios mediante su familia. Desde el círculo hagan una oración especial por cada uno de los que vayan al centro; ore en voz alta o en el silencio de su corazón.

Ascensión del Señor

Escuchar la Palabra

Marcos 16:15–20

En el nombre del Padre, del Hijo y del Espíritu Santo.

En aquel tiempo, se apareció Jesús a los Once y les dijo: "Vayan por todo el mundo y prediquen el Evangelio a toda creatura. El que crea y se bautice, se salvará; el que se resista a creer, será condenado. Éstos son los milagros que acompañarán a los que hayan creído: arrojarán demonios en mi nombre, hablarán lenguas nuevas, cogerán serpientes en sus manos, y si beben un veneno mortal, no les hará daño; impondrán las manos a los enfermos y éstos quedarán sanos".

El Señor Jesús, después de hablarles, subió al cielo y está sentado a la derecha de Dios. Ellos fueron y proclamaron el Evangelio por todas partes, y el Señor actuaba con ellos y confirmaba su predicación con los milagros que hacían.

Reflexionar la palabra

Jesús vino no solo para los humanos, sino "para toda creatura". Por eso, cuando asumimos la tarea de hacer la obra de Dios en el mundo, después de la partida de Jesús debemos acordarnos de llevar esas noticias alegres a toda la creación de Dios en cada forma posible. Así como san Francisco predicaba a los pajarillos y consideraba al sol su hermano y a la luna su hermana, nosotros debemos esforzarnos por conectarnos con todas las maravillas que Dios ha hecho por nosotros mediante la misión de nuestra vida.

......CAMINO A MISA

¿Cómo puede usted proclamar el evangelio a otros seres de la creación además de los humanos?

CAMINO A CASA ......

Piense en alguna noticia de algo que no haya sucedido cerca de usted. ¿Cómo puede acercar el amor de Dios a una situación lejana?

Vivir la palabra

Podemos predicar de muchas formas de gran alcance. Camine con su familia por cada habitación de su casa, y conversen sobre cómo pueden vivir el encargo de Dios en cada espacio de su vida. Asegúrese de incluir a todos los seres de la creación en su meditación. Por ejemplo, en el comedor alguien puede notar que pueden usar servilletas de tela en lugar de servilletas de papel para preservar árboles. ¿Ustedes oran unos por otros, al anochecer? ¿Tienen un comedero para pájaros en su jardín?

13 de mayo de 2018

Séptimo Domingo de Pascua

Escuchar la Palabra

Juan 17:11–19

En el nombre del Padre, del Hijo y del Espíritu Santo.

En aquel tiempo, Jesús levantó los ojos al cielo y dijo: "Padre santo, cuida en tu nombre a los que me has dado, para que sean uno, como nosotros. Cuando estaba con ellos, yo cuidaba en tu nombre a los que me diste; yo velaba por ellos y ninguno de ellos se perdió, excepto el que tenía que perderse, para que se cumpliera la Escritura.

Pero ahora voy a ti, y mientras estoy aún en el mundo, digo estas cosas para que mi gozo llegue a su plenitud en ellos. Yo les he entregado tu palabra y el mundo los odia, porque no son del mundo, como yo tampoco soy del mundo. No te pido que los saques del mundo, sino que los libres del mal. Ellos no son del mundo, como tampoco yo soy del mundo.

Santifícalos en la verdad. Tu palabra es la verdad. Así como tú me enviaste al mundo, así los envío yo también al mundo. Yo me santifico a mí mismo por ellos, para que también ellos sean santificados en la verdad".

Reflexionar la palabra

No hay "tú" ni "yo" en unión perfecta con Dios; todos estamos envueltos en una conexión infinita. En el amor de Dios, no hay separación, de modo que lo que le sucede a mi hermana o hermano, a mí me sucede. La diferencia que sentimos ahora es simplemente una ilusión que tiene influencia solo en la tierra. Debemos luchar por proteger a los más vulnerables de entre nosotros, así como Jesús nos protege. La verdadera medida de una sociedad es cómo cuida de las personas más vulnerables. Seamos capaces de decir "ninguno se perdió".

• • • • • • CAMINO A MISA

¿Cómo se imagina no tener nada que nos separe de Dios?

CAMINO A CASA • • • • • •

¿A quién se le dificulta llamar "hermano" o "hermana"?

Vivir la palabra

En familia, busquen canciones famosas y de diferentes culturas y credos que expresen que todos somos uno. ¿Nota algo especial en la universalidad de esos mensajes? ¿Qué se siente escuchar las propias creencias en la fe y culturas de otras personas? Siéntanse por un momento con ese sentido de conexión y unión mundial. Al menos un día de esta semana, comience la mañana con alguna de las canciones que escucharon.

Domingo de Pentecostés

Escuchar la Palabra
Juan 16:12–15

En el nombre del Padre, del Hijo y del Espíritu Santo.

[Jesús dijo a sus discípulos:] "Aún tengo muchas cosas que decirles, pero todavía no las pueden comprender. Pero cuando venga el Espíritu de la verdad, él los irá guiando hasta la verdad plena, porque no hablará por su cuenta, sino que dirá lo que haya oído y les anunciará las cosas que van a suceder. Él me glorificará, porque primero recibirá de mí lo que les vaya comunicando. Todo lo que tiene el Padre es mío. Por eso he dicho que tomará de lo mío y se lo comunicará a ustedes".

Reflexionar la palabra

La verdad tiene su propia fuerza, y al ser pronunciada, la verdad puede funcionar como una guía y un arma. Hay algo sobre la verdad, no importa cuánta gente quiera negarla, que desbarata cualquier mentira o ilusión. La verdad nos libera y a la vez vincula a hacer lo correcto. Debemos hacer espacio a la verdad. Si nadie tiene el valor de proclamarla, su poder permanecerá adormecido e inútil. El Espíritu de Dios nos da valor para darle voz en el mundo a la verdad.

⋯⋯CAMINO A MISA

¿Qué es algo que usted sabe que es verdadero?

CAMINO A CASA ⋯⋯

¿Cuál es la diferencia entre una creencia ampliamente mantenida y una verdad sola?

Vivir la palabra

La mayoría de nosotros se ha tragado alguna mentira, y ha podido ver y sentir el daño que ha causado. Esta semana haga una ceremonia de genuina liberación. Haga una fogata en el patio e invite a que cada persona queme una vieja mentira, y a que digan en voz alta o proclamen la verdad que la ha reemplazado. Dese tiempo para discutir por qué podemos creer una mentira y cómo el contexto comunitario, especialmente uno arraigado en el amor de Dios, nos puede reintegrar en la verdad.

27 de mayo de 2018

Santísima Trinidad

Escuchar la Palabra

Mateo 28:16–20

En el nombre del Padre, del Hijo y del Espíritu Santo.

En aquel tiempo, los once discípulos se fueron a Galilea y subieron al monte en el que Jesús los había citado. Al ver a Jesús, se postraron, aunque algunos titubeaban.

Entonces, Jesús se acercó a ellos y les dijo: "Me ha sido dado todo poder en el cielo y en la tierra. Vayan, pues, y enseñen a todas las naciones, bautizándolas en el nombre del Padre y del Hijo y del Espíritu Santo, y enseñándolas a cumplir todo cuanto yo les he mandado; y sepan que yo estaré con ustedes todos los días, hasta el fin del mundo".

Reflexionar la palabra

Meditamos en el misterio y la gracia de la Santísima Trinidad. San Buenaventura, un teólogo franciscano, puso esta relación al frente de su comprensión de Dios. Afirmaba que Dios solo puede ser comprendido en relación, pues, por su misma naturaleza, Dios está siempre en relación trinitaria. Por lo mismo, hay algo trinitario al estar hechos a imagen de ese Dios que nos convoca a conectarnos con nuestros hermanos y hermanas, profunda y vulnerablemente.

•••••• CAMINO A MISA

¿Cómo percibe usted a Dios cuando se relaciona con los demás?

CAMINO A CASA ••••••

¿Cómo puede sentir que Dios está con usted "hasta el final de los tiempos"?

Vivir la palabra

El discipulado se realiza mejor en compañía de otros. Jesús envía de a dos en dos. Proporcione hojas de papel a los miembros de su familia. Pídales que anoten su nombre a media hoja y luego los nombres de personas que hayan sido importantes en su vida. Dibujen luego, una flecha apuntando hacia aquellos que les dieron algo, y otra flecha desde aquellos que han recibido algo. Anime a todos a observar en qué dirección apuntan la mayoría de sus flechas, y conversen sobre los modos como sienten el amor y el apoyo de otras personas.

Santísimos Cuerpo y Sangre de Cristo

Escuchar la Palabra

Marcos 14:22–26

En el nombre del Padre, del Hijo y del Espíritu Santo.

Mientras cenaban, Jesús tomó un pan, pronunció la bendición, lo partió y se lo dio a sus discípulos, diciendo: "Tomen: esto es mi cuerpo". Y tomando en sus manos una copa de vino, pronunció la acción de gracias, se la dio, todos bebieron y les dijo: "Ésta es mi sangre, sangre de la alianza, que se derrama por todos. Yo les aseguro que no volveré a beber del fruto de la vid hasta el día en que beba el vino nuevo en el Reino de Dios".

Después de cantar el himno, salieron hacia el monte de los Olivos.

Reflexionar la palabra

El Cuerpo de Cristo puede tomar muchas formas y lo experimentamos de muchos modos. Cuando nos reunimos en la Iglesia, somos el Cuerpo vivo. Al recibir la Comunión, participamos del Cuerpo, y cuando encarnamos nuestra vocación bautismal, somos el Cuerpo de Cristo en el mundo. En cada una de las formas que adquiere el Cuerpo de Cristo, meditamos en la presencia de Cristo. Cuando compartimos a Cristo con otros, conviene considerar nuestra *presencia* en ese momento de compartir.

......CAMINO A MISA

¿Por qué el sacramento de la Eucaristía es tan central para nuestra fe?

CAMINO A CASA ......

¿Qué siente por todas aquellas personas que hoy hacen su Primera Comunión?

Vivir la palabra

"Dios viene al mundo a través de nosotros. Somos el cuerpo de Cristo", cantamos con entusiasmo. Ese canto nos une en comunidad, y a ella pertenecemos con nuestras historias personales; nuestras historias pertenecen también el Cuerpo de Cristo, y por ellas también, Dios viene al mundo. Vean el modo de contactar a los abuelos u otros parientes o amigos cercanos para hacer un círculo con historias compartidas. Los parientes que viven lejos pueden participar por teléfono o Skype. Pida a cada persona que cuente una historia importante de su vida y termine contando una historia que todos conozcan.

Décimo Domingo del Tiempo Ordinario

Escuchar la Palabra

Marcos 3:20–21, 31–35

En el nombre del Padre, del Hijo y del Espíritu Santo.

En aquel tiempo, Jesús entró en una casa con sus discípulos y acudió tanta gente, que no los dejaban ni comer. Al enterarse sus parientes, fueron a buscarlo, pues decían que se había vuelto loco.

Llegaron entonces su madre y sus parientes; se quedaron fuera y lo mandaron llamar. En torno a él estaba sentada una multitud, cuando le dijeron: "Ahí fuera están tu madre y tus hermanos, que te buscan".

Él les respondió: "¿Quién es mi madre y quiénes son mis hermanos?". Luego, mirando a los que estaban sentados a su alrededor, dijo: "Éstos son mi madre y mis hermanos. Porque el que cumple la voluntad de Dios, ése es mi hermano, mi hermana y mi madre".

Reflexionar la palabra

Una y otra vez, las palabras de Jesús y sus hechos nos llaman a considerar lo singular de su existencia. Reservamos las palabras "hermano" y "hermana" para aquellos con quienes nos unen la sangre o parentescos civiles, pero olvidamos que es lo divino que mora en nosotros es lo que nos une y hermana. Busquemos unirnos en la voluntad de Dios que es mucho más poderosa que lo genético. Cuando nos damos cuenta de esto, nos volvemos más fuertes y trabajamos por todos.

•••••• CAMINO A MISA

¿A quién considera de su familia?

CAMINO A CASA ••••••

¿Cuáles son las cinco cualidades que toda familia debe tener?

Vivir la palabra

Haga un árbol genealógico como una forma de reconectar con sus raíces. Si ya tienen un árbol genealógico en la familia, pueden explorarlo. Eche mano de los recursos que ofrece la Internet. Cada uno de los niños puede hacer un árbol genealógico. Encuentre la forma para incluir personas que no están necesariamente conectadas con usted por sangre, pero que son parte de su familia. Hablen sobre la necesidad que todos tenemos de una familia y lo que significa ser familia para otros.

Undécimo Domingo del Tiempo Ordinario

Escuchar la Palabra

Marcos 4:26–34

En el nombre del Padre, del Hijo y del Espíritu Santo.

En aquel tiempo, Jesús dijo a la multitud: "El Reino de Dios se parece a lo que sucede cuando un hombre siembra la semilla en la tierra: que pasan las noches y los días, y sin que él sepa cómo, la semilla germina y crece; y la tierra, por sí sola, va produciendo el fruto: primero los tallos, luego las espigas y después los granos en las espigas. Y cuando ya están maduros los granos, el hombre echa mano de la hoz, pues ha llegado el tiempo de la cosecha".

Les dijo también: "¿Con qué compararemos el Reino de Dios? ¿Con qué parábola lo podremos representar? Es como una semilla de mostaza que, cuando se siembra, es la más pequeña de las semillas; pero una vez sembrada, crece y se convierte en el mayor de los arbustos y echa ramas tan grandes, que los pájaros pueden anidar a su sombra".

Y con otras muchas parábolas semejantes les estuvo exponiendo su mensaje, de acuerdo con lo que ellos podían entender. Y no les hablaba sino en parábolas; pero a sus discípulos les explicaba todo en privado.

Reflexionar la palabra

Nada en el pesebre parece trompetear al Rey de cielos y tierra. Pero de ese humilde comienzo viene una fe que cambia todo. El poder no emana del tamaño o apariencia del músculo sino de la calidad que hay en el individuo. Si Jesús hubiera permitido que el establo lo definiera, nunca habría tenido el valor para abrazar su ministerio. Supo que los contextos son apenas el trasfondo de una historia que está por ser escrita.

......CAMINO A MISA

¿Qué es algo que parece pequeño pero que puede tener un gran impacto?

CAMINO A CASA ......

¿Qué cosas grandes usted quiere hacer?

Vivir la palabra

Organice una búsqueda del tesoro, en familia. Pueden hacerlo alrededor de su casa, en el vecindario o en un sitio al aire libre. Fíjense cuántas cosas pequeñas cada quien puede encontrar y coleccionarlas, si así lo consideran. Cuando ya todos hayan tenido la oportunidad de buscar las cosas pequeñas, reúnanse para compartir sus hallazgos y conversen sobre cómo esas pequeñas cosas afectan su mundo a gran escala. Pregúntense: ¿Cuáles son las pequeñas cosas de cada quien que pasan desapercibidas para los demás, pero que son vitales para el bienestar familiar?

Natividad de san Juan Bautista

Escuchar la Palabra
Lucas 1:57–66, 80

En el nombre del Padre, del Hijo y del Espíritu Santo.

Por aquellos días, le llegó a Isabel la hora de dar a luz y tuvo un hijo. Cuando sus vecinos y parientes se enteraron de que el Señor le había manifestado tan grande misericordia, se regocijaron con ella.

A los ocho días fueron a circuncidar al niño y le querían poner Zacarías, como su padre; pero la madre se opuso, diciéndoles: "No. Su nombre será Juan". Ellos le decían: "Pero si ninguno de tus parientes se llama así".

Entonces le preguntaron por señas al padre cómo quería que se llamara el niño. Él pidió una tablilla y escribió: "Juan es su nombre". Todos se quedaron extrañados. En ese momento a Zacarías se le soltó la lengua, recobró el habla y empezó a bendecir a Dios.

Un sentimiento de temor se apoderó de los vecinos y en toda la región montañosa de Judea se comentaba este suceso. Cuantos se enteraban de ello se preguntaban impresionados: "¿Qué va a ser de este niño?". Esto lo decían, porque realmente la mano de Dios estaba con él.

El niño se iba desarrollando físicamente y su espíritu se iba fortaleciendo, y vivió en el desierto hasta el día en que se dio a conocer al pueblo de Israel.

Reflexionar la palabra

Juan tiene un importante papel en el relato de Jesús. Desde el principio ambos hombres están unidos. Isabel le dio buenas noticias a María cuando Juan, todavía en el vientre, reconoció a Jesús. Con todo, su parte decisiva solo puede ejecutarla si decide llevarla a cabo. Por lo mismo, vemos que los hechos y milagros de Jesús se originan en una red de valentía y apoyos de gentes como Juan y María y otros muchos. Nunca sabremos cuándo nuestros actos pueden ser simplemente decisivos. Las personas de nuestra vida podrán tener un profundo impacto en el mundo con nuestro apoyo, amor y guía.

• • • • • • CAMINO A MISA

¿Qué tan importante es su nombre?

CAMINO A CASA • • • • • •

¿Sabe usted cómo o por qué le impusieron el nombre que lleva?

Vivir la palabra

Un nombre encierra mucho significado y fuerza. En la lectura de hoy, vemos cómo algunos quisieron darle a Juan un nombre distinto. Dediquen algún tiempo a explorar el significado de sus nombres completos. Busquen tanto el significado de las palabras y el de la familia en sus contextos. Si alguien opta por un sobrenombre, también conversen al respecto. Invite a los miembros de su familia a hacer imágenes o apoyos visuales con sus nombres, de modo que reflejen su personalidad, o un poema usando cada letra de su nombre para iniciar una frase.

1 de julio de 2018

Decimotercer Domingo del Tiempo Ordinario

Escuchar la Palabra

Marcos 5:25-29

En el nombre del Padre, del Hijo y del Espíritu Santo.

Entre la gente había una mujer que padecía flujo de sangre desde hacía doce años. Había sufrido mucho a manos de los médicos y había gastado en eso toda su fortuna, pero en vez de mejorar, había empeorado. Oyó hablar de Jesús, vino y se le acercó por detrás entre la gente y le tocó el manto, pensando que, con sólo tocarle el vestido, se curaría. Inmediatamente se le secó la fuente de su hemorragia y sintió en su cuerpo que estaba curada.

Reflexionar la palabra

¡Qué historia de valor y fe tan extraordinaria, la que escuchamos en el evangelio hoy! Jesús le dice a la mujer que su fe la ha salvado. Aunque las esperanzas de esta mujer se habían evaporado repetidamente, y ella se había gastado todo su dinero en médicos que no pudieron ayudarla, ella encuentra coraje para intentarlo otra vez. Su fe era tan fuerte que estaba convencida de que solo tenía que tocar la ropa de Jesús. Su determinación nunca se rindió; su capacidad para ver en Jesús a un sanador sirve de modelo a nuestra fe.

• • • • • • CAMINO A MISA

¿Cómo describiría su fe?

CAMINO A CASA • • • • • •

¿Qué necesita usted en su mente, cuerpo o alma que necesite la gracia de la sanación?

Vivir la palabra

Pregunte a sus familiares si se han sentido inspirados por alguien que tenga una enfermedad crónica. ¿Han percibido la fe por la manera como algunas personas mantienen una actitud alegre a pesar de la enfermedad? En su oración, pidan a Dios que mantenga la fe de esas personas. Dense tiempo para pensar cómo manejan la adversidad en su vida. ¿Somos capaces de entregar nuestros problemas a Dios?

8 de julio de 2018

Decimocuarto Domingo del Tiempo Ordinario

Escuchar la Palabra

Marcos 6:1–6

En el nombre del Padre, del Hijo y del Espíritu Santo.

En aquel tiempo, Jesús fue a su tierra en compañía de sus discípulos. Cuando llegó el sábado, se puso a enseñar en la sinagoga, y la multitud que lo escuchaba se preguntaba con asombro: "¿Dónde aprendió este hombre tantas cosas? ¿De dónde le viene esa sabiduría y ese poder para hacer milagros? ¿Qué no es éste el carpintero, el hijo de María, el hermano de Santiago, José, Judas y Simón? ¿No viven aquí, entre nosotros, sus hermanas?". Y estaban desconcertados.

Pero Jesús les dijo: "Todos honran a un profeta, menos los de su tierra, sus parientes y los de su casa". Y no pudo hacer allí ningún milagro, sólo curó a algunos enfermos imponiéndoles las manos. Y estaba extrañado de la incredulidad de aquella gente. Luego se fue a enseñar en los pueblos vecinos.

Reflexionar la palabra

¿Qué significa ser profeta en el mundo actual? En el pasaje de este día, vemos que Jesús tuvo dificultades para ser aceptado por aquellos que él conocía mejor. Lo mismo nos puede suceder. Ser proféticos en casa, la iglesia, la escuela o el lugar de trabajo, exige mucho valor y resistencia. Con frecuencia, nuestros actos proféticos no son aceptados ni mirados con fe, pero eso no significa que dejemos de esforzarnos. Incluso obras pequeñas de misericordia y gracia pueden tener un gran impacto.

•••••• CAMINO A MISA

¿Qué mensaje de parte de Dios puedo llevarles a mis amigos o familia durante esta semana?

CAMINO A CASA ••••••

¿Dónde siento que me falta fe y dónde necesito estar más abierto a las buenas obras? ¿Hay algún buen consejo que no esté yo escuchando?

Vivir la palabra

Haz una lista de buenas obras (poderosas o pequeñas), que en familia pueden llevar a cabo esta semana y que favorezcan a algunas personas. Siempre hay alguien necesitado muy cerca de nosotros y entre las personas que amamos. ¿Se necesita cortar el pasto en el jardín de la abuela? ¿Le está causando quebraderos de cabeza este proyecto a mi hermano o hermana? ¿Cómo puedo ayudar a mi mamá o a mi papá? Hagan esas tareas sin esperar agradecimiento.

15 de julio de 2018

Decimoquinto Domingo del Tiempo Ordinario

Escuchar la Palabra

Marcos 6:7–13

En el nombre del Padre, del Hijo y del Espíritu Santo.

En aquel tiempo, llamó Jesús a los Doce, los envió de dos en dos y les dio poder sobre los espíritus inmundos. Les mandó que no llevaran nada para el camino: ni pan, ni mochila, ni dinero en el cinto, sino únicamente un bastón, sandalias y una sola túnica.

Y les dijo: "Cuando entren en una casa, quédense en ella hasta que se vayan de ese lugar. Si en alguna parte no los reciben ni los escuchan, al abandonar ese lugar, sacúdanse el polvo de los pies, como una advertencia para ellos".

Los discípulos se fueron a predicar el arrepentimiento. Expulsaban a los demonios, ungían con aceite a los enfermos y los curaban.

Reflexionar la palabra

Un relato similar del Evangelio de san Mateo (10:7–19) inspiró a san Francisco de Asís para trocar sus zapatos, su túnica y su vestido por un rudo sayal de los pastores locales. Así vestido comenzó a predicar en las calles, un ministerio que pronto atrajo a muchos. Francisco y sus hermanos menores vivían juntos y viajaban por toda Italia predicando un mensaje de arrepentimiento. Para Francisco era importante vivir en medio del pueblo, desposeído y viviendo de la caridad de los demás.

• • • • • • CAMINO A MISA

¿Sería usted capaz de vivir como los primeros franciscanos, sin posesiones y confiando en Dios para todo?

CAMINO A CASA • • • • • •

¿Cómo podemos encarnar nuestro llamado a ir y servir a los más necesitados?

Vivir la palabra

Busquen algún tiempo y en familia, conversen con una persona que haya hecho votos religiosos en alguna orden. ¿Hay algún sacerdote, hermano o hermana en su comunidad que puedan ustedes visitar y preguntarle cómo viven el llamado del Evangelio al servicio? Quizá les puedan platicar cómo es que decidieron comprometerse con esa comunidad religiosa precisamente. Ustedes pueden preguntarles qué es lo que hace única a esa comunidad, y si es una comunidad local o internacional. Busquen en la Internet información sobre los Franciscanos o alguna otra orden religiosa.

22 de julio de 2018

Decimosexto Domingo del Tiempo Ordinario

Escuchar la Palabra

Marcos 6:30–34

En el nombre del Padre, del Hijo y del Espíritu Santo.

En aquel tiempo, los apóstoles volvieron a reunirse con Jesús y le contaron todo lo que habían hecho y enseñado. Entonces él les dijo: "Vengan conmigo a un lugar solitario, para que descansen un poco". Porque eran tantos los que iban y venían, que no les dejaban tiempo ni para comer.

Jesús y sus apóstoles se dirigieron en una barca hacia un lugar apartado y tranquilo. La gente los vio irse y los reconoció; entonces de todos los poblados fueron corriendo por tierra a aquel sitio y se les adelantaron.

Cuando Jesús desembarcó, vio una numerosa multitud que lo estaba esperando y se compadeció de ellos, porque andaban como ovejas sin pastor, y se puso a enseñarles muchas cosas.

Reflexionar la palabra

Cuando miramos las vidas de los santos, podemos observar cómo, una vez y otra, ellos asumieron con toda seriedad ese mensaje de Jesús de descansar y retirarse. Con frecuencia, san Francisco se ahuyentaba para orar y revitalizar su relación con Dios. Incluso construyó en las colinas de Asís una pequeña ermita, llamada *Carceri*, a la que se retiraba con regularidad. Cuando quitamos las distracciones y nos recogemos, pasamos tiempo apartados, podemos escuchar mejor la voz de Dios en la simplicidad y silencio.

•••••• CAMINO A MISA

¿Qué es lo que escucha cuando todo está en silencio?

CAMINO A CASA ••••••

¿A dónde va usted en busca de paz y de quietud?

Vivir la palabra

Hagan un retiro familiar. Puede hacerlo en casa o ir a un lugar especial. Durante el retiro, los miembros de su familia deben pasar tiempo separados, en silencio, y también leyendo o escribiendo. Comiencen juntos con una oración donde expresen sus intenciones, y terminen con una canción o una oración que todos pronuncien. Pida a su familia si les gustaría comenzar o terminar con una comida. Busquen modos para compartir sus ideas y noten cómo los retiros son diferentes a ir a misa, y por qué ambas cosas han sido importantes en la vida de los santos.

29 de julio de 2018

Decimoséptimo Domingo del Tiempo Ordinario

Escuchar la Palabra

Juan 6:11–15

En el nombre del Padre, del Hijo y del Espíritu Santo.

Tomó Jesús los panes, y después de dar gracias a Dios, se los fue repartiendo a los que se habían sentado a comer. Igualmente les fue dando de los pescados todo lo que quisieron. Después de que todos se saciaron, dijo a sus discípulos: "Recojan los pedazos sobrantes, para que no se desperdicien". Los recogieron y con los pedazos que sobraron de los cinco panes llenaron doce canastos.

Entonces la gente, al ver la señal milagrosa que Jesús había hecho, decía: "Éste es, en verdad, el profeta que había de venir al mundo". Pero Jesús, sabiendo que iban a llevárselo para proclamarlo rey, se retiró de nuevo a la montaña, él solo.

Reflexionar la palabra

Nos fascinan los milagros pero no reparamos en nuestra capacidad para hacer que se realicen. Para comenzar, Jesús no traía ni los panes ni los peces; él trabajó con lo que había allí, y de allí surgió un milagro. Cuando nos volvemos a Dios en tiempos desesperados, debemos comenzar con lo que nosotros aportamos. ¿Qué le presentamos a Dios para que trabaje con ello? Si damos un poco, Dios lo multiplicará en abundancia impensable.

•••••• CAMINO A MISA

Hoy escuchamos de la multiplicación de panes y pescado. ¿Hay algo en su vida que le gustaría multiplicar?

CAMINO A CASA ••••••

¿Qué se siente disponer de una comida abundante, cuando está uno hambriento?

Vivir la palabra

Acuerde con toda su familia comer un día todos juntos. En lugar de que cada uno prepare su plato y asegurarse de que hay comida para todos, cada quien prepara un platillo para otra persona. Cuando la comida se coloca en los platos, hay que acordarse de la abundancia. Al comer, pueden compartir lo que se siente de recibir más que suficiente en una situación en la que los recursos parecían muy limitados, al principio. Haga comentarios sobre los restos de la comida, y si son abundantes.

5 de agosto de 2018

Decimoctavo Domingo del Tiempo Ordinario

Escuchar la Palabra

Juan 6:32–35

En el nombre del Padre, del Hijo y del Espíritu Santo.

Jesús les respondió: "Yo les aseguro: No fue Moisés quien les dio pan del cielo; es mi Padre quien les da el verdadero pan del cielo. Porque el pan de Dios es aquel que baja del cielo y da la vida al mundo".

Entonces le dijeron: "Señor, danos siempre de ese pan". Jesús les contestó: "Yo soy el pan de la vida. El que viene a mí no tendrá hambre y el que cree en mí nunca tendrá sed".

Reflexionar la palabra

Hoy nos concentramos en lo que nos sostiene. Jesús habla del "pan de vida" y promete que con este pan y nuestra fe, más nunca tendremos hambre ni sed. Sin embargo, con frecuencia nuestras opciones no resultan las más saludables, sea comida, medios sociales, chismes, y esperamos que nos den vida, y hasta nos preguntamos por qué ansiamos una verdadera comunicación, un afecto genuino y un trato lleno de gentileza. Porque nos quedamos con aquellas cosas, dejamos de buscar, aun cuando sigamos con hambre, y enflaquezcamos, mientras comemos polvo.

•••••• CAMINO A MISA

¿Cómo nos alimenta Jesús?

CAMINO A CASA ••••••

¿Qué podría eliminar usted de su "dieta vital" para sentirse más saludable y lleno de vida?

Vivir la palabra

Esta semana horneen un pan, en familia. Vayan notando las funciones de los diferentes ingredientes y cómo la levadura se usa para acrecentar. Pregunte a los niños sobre las cosas que les rodean y les ayudan a crecer. Conversen sobre la presencia de Dios continúa nosotros, rodeándonos y en nuestro interior, dándonos toda una vida para crecer. Solo en Dios y por Dios podemos ser alimentados y sentirnos llenos.

12 de agosto de 2018

Decimonoveno Domingo del Tiempo Ordinario

Escuchar la Palabra

Juan 6:44–51

En el nombre del Padre, del Hijo y del Espíritu Santo.

Jesús les respondió: "...Nadie puede venir a mí, si no lo atrae el Padre, que me ha enviado; y a ése yo lo resucitaré el último día. Está escrito en los profetas: *Todos serán discípulos de Dios.* Todo aquel que escucha al Padre y aprende de él, se acerca a mí. No es que alguien haya visto al Padre, fuera de aquel que procede de Dios. Ése sí ha visto al Padre.

Yo les aseguro: el que cree en mí, tiene vida eterna. Yo soy el pan de la vida. Sus padres comieron el maná en el desierto y sin embargo, murieron. Éste es el pan que ha bajado del cielo para que, quien lo coma, no muera. Yo soy el pan vivo que ha bajado del cielo; el que coma de este pan vivirá para siempre. Y el pan que yo les voy a dar es mi carne para que el mundo tenga vida".

Reflexionar la palabra

La vida eterna nos espera, pero Jesús nos recuerda que hay que creer para alcanzarla. Somos partícipes en nuestra salvación. Esto es un don grande y maravilloso pero debemos prepararnos para creer. Creer es una opción individual que hay que renovar cada día. En algunos días, nuestra fe reluce con facilidad, pero en otros no; nuestras convicciones no siempre son fuertes. Una y otra vez, estamos convocados a confiar en Dios siempre, de palabra y de acción.

•••••• CAMINO A MISA

¿Qué significa creer en algo? ¿Qué puede fortalecer su fe?

CAMINO A CASA ••••••

Escuchar las lecturas, la Comunión y participar con la asamblea, ¿cómo le ayudan a nutrirse para la semana?

Vivir la palabra

Invite a los miembros de su familia a decidirse cada mañana a recibir un don activamente. Alguien puede recibir un don disfrutando de una puesta de sol, o siendo muy considerado con los amigos, o agradeciendo la comida a quien la cocinó. Con este propósito en mente, los miembros de una familia pueden hacer cosas muy simples para ser más activamente receptivos. Pueden ser más agradecidos, comer sin prisas, o salir con tiempo suficiente a alguna cita, de modo que pueden apreciar mejor lo que hay en el camino. Las experiencias de esta recepción activa pueden ser compartidas a la hora de comer o cenar.

15 de agosto de 2018

Asunción de la Santísima Virgen María

Escuchar la Palabra

Lucas 1:46-56

En el nombre del Padre, del Hijo y del Espíritu Santo.

Entonces dijo María: / "Mi alma glorifica al Señor / y *mi espíritu se llena de júbilo en Dios, mi salvador, / porque puso sus ojos en la humildad de su esclava.*

Desde ahora me llamarán dichosa todas las generaciones, / porque ha hecho en mí grandes cosas el que todo lo puede. / *Santo es su nombre / y su misericordia llega de generación a generación / a los que temen.*

Ha hecho sentir el poder de su brazo: / dispersó a los de corazón altanero, / *destronó a los potentados / y exaltó a los humildes. / A los hambrientos los colmó de bienes / y a los ricos los despidió sin nada.*

Acordándose de su misericordia, / vino en ayuda de Israel, su siervo, / como lo había prometido a nuestros padres, / a Abraham y a su descendencia, / para siempre".

María permaneció con Isabel unos tres meses, y luego regresó a su casa.

Reflexionar la palabra

En este pasaje escuchamos la alegría de María cuando ella canta el poder y la fuerza del amor y la bondad de Dios. Sus palabras describen la acción de Dios cuando habla de su justicia y su poder. El amor de Dios es poderoso para quienes tienen una convicción firme. La fe está hecha de convicciones, y ella nos convierte en agentes de transformación y cambio en el mundo. El "sí" de María permitió a Dios introducir cambios en el mundo.

•••••• CAMINO A MISA

¿A qué le ha dicho usted sí, recientemente?

CAMINO A CASA ••••••

¿Cómo podría implementar con su familia algo de la homilía durante esta semana?

Vivir la palabra

Hagan una especie de *lectio divina* con el evangelio del día. En este ejercicio, se lee el evangelio tres veces. La segunda es a menor velocidad que la primera, permitiendo meditar sobre algunas palabras individuales. En la tercera lectura se baja más todavía la velocidad, de modo que los participantes puedan escoger una frase o una palabra que les llame la atención o sobresalga. Pida a los miembros de su familia que compartan su palabra o frase mediante movimientos o gestos, o un dibujo o la platiquen. Terminen leyendo el pasaje una vez más.

Vigésimo Domingo del Tiempo Ordinario

Escuchar la Palabra

Juan 6:53–54

En el nombre del Padre, del Hijo y del Espíritu Santo.

Jesús les dijo: "Yo les aseguro: Si no comen la carne del Hijo del hombre y no beben su sangre, no podrán tener vida en ustedes. El que come mi carne y bebe mi sangre, tiene vida eterna y yo lo resucitaré el último día".

Reflexionar la palabra

Para vivir eternamente con Cristo después, necesitamos tomarlo ahora como alimento. Dios envió a Jesús para nutrirnos. ¿Lo aceptamos como nuestro alimento que da vida eterna? ¿Estamos dispuestos a tomar su Palabra, su Cuerpo y su Sangre en la celebración eucarística, para que nos transforme? La vida que se nos ofrece por Cristo, nos prepara al banquete celeste. Practicar nuestra fe significa permitir a Cristo vivir entre nosotros, de modo que nos convirtamos en lo que somos, Cuerpo de Cristo.

••••••CAMINO A MISA

¿Cómo puede usted practicar su fe mejor de lo que ya lo hace?

CAMINO A CASA ••••••

¿Cómo se imagina usted que será estar plenamente en la presencia del amor y la luz de Dios?

Vivir la palabra

"Eterno" no es un concepto que veamos muy frecuentemente en nuestra cultura de lo desechable, o del "descarte", como dice el Papa. Haga un viaje a sus alrededores para visitar algo antiguo, o que ya tiene allí mucho tiempo: puede ser una cueva, o un árbol, o una formación natural, o incluso a algún anciano o a un asilo o albergue. Reflexionen sobre cómo la edad de ese individuo o del objeto que hayan elegido, es apenas una gota en el océano de la eternidad del cielo.

26 de agosto de 2018

Vigesimoprimer Domingo del Tiempo Ordinario

Escuchar la Palabra

Juan 6:68–69

En el nombre del Padre, del Hijo y del Espíritu Santo.

Simón Pedro le respondió [a Jesús]: "Señor, ¿a quién iremos? Tú tienes palabras de vida eterna; y nosotros creemos y sabemos que tú eres el Santo de Dios".

Reflexionar la palabra

Los discípulos no tuvieron la ventaja de tener delante suyo ni una Biblia, ni una historia de Jesús escrita. ¿Se imaginan ustedes lo que significa darse cuenta de que tu amigo y maestro es, de hecho, plenamente humano y plenamente divino? A aquellos seguidores, les debió costar mucho reconocer quién realmente era su compañero de camino. Incluso si otros no pudieron mirar la verdad, ellos permanecieron a su lado y tras su muerte continuaron propagando la Buena Nueva.

......CAMINO A MISA

De encontrarlo por la calle, ¿cómo se imagina que sería Jesús?

CAMINO A CASA ......

¿Alguna vez cayó en la cuenta de que no percibía algo que estuvo siempre allí y era evidente? ¿Qué le impedía percibirlo?

Vivir la palabra

Al compartir nuestra experiencia de Cristo, ayudamos a otros a ver lo que quizá no alcanzaban a ver por sí mismos. Pida a cada miembro de la familia pintar o cortar un recuadro de alguna revista. Pida a cada uno que corte la pintura en tantos pedazos cuantas personas haya en su familia. Si su familia es pequeña, corte más de un trozo por cada familiar. Luego distribuya los trozos de la pintura, y pida a cada uno que la identifique, a partir de los pedazos que tiene en la mano. Luego coloque todas las piezas en su lugar y decidan quién acertó.

2 de septiembre de 2018

Vigesimosegundo Domingo del Tiempo Ordinario

Escuchar la Palabra

Marcos 7:5-8

En el nombre del Padre, del Hijo y del Espíritu Santo.

Los fariseos y los escribas le preguntaron: "¿Por qué tus discípulos comen con manos impuras y no siguen la tradición de nuestros mayores?"...

Jesús les contestó: "¡Qué bien profetizó Isaías sobre ustedes, hipócritas, cuando escribió: *Este pueblo me honra con los labios, pero su corazón está lejos de mí. Es inútil el culto que me rinden, porque enseñan doctrinas que no son sino preceptos humanos!* Ustedes dejan a un lado el mandamiento de Dios, para aferrarse a las tradiciones de los hombres".

Reflexionar la palabra

Hoy recordamos que los caminos de Dios no son los caminos de los hombres. Jesús atrapa a la gente que quiere un Dios a su medida en lugar de buscar la plenitud de Dios. A menudo, andamos solo con lo que conocemos, pero cuando nos abrimos a la verdad de lo divino, se nos descubre un horizonte ilimitado. Cuando entendemos que no tenemos todas las respuestas, nos llega un cierto grado de libertad. Cuando vivimos en el misterio de lo desconocido, entonces nos volvemos realmente capaces de escuchar el mandamiento de Dios.

......CAMINO A MISA

¿Hay algo que usted no conozca de Dios?

CAMINO A CASA ......

Cuando escuchamos las enseñanzas de Jesús de otra manera podemos descubrir su novedad. ¿Encuentra usted algo nuevo en lo que hoy escuchó?

Vivir la palabra

Pregunte a sus hijos lo que esperan del próximo año escolar. ¿Hay algo diferente a lo que experimentaron el año pasado? Anímelos a pensar si alguna de sus expectativas los limita. Deles unas tarjetas donde puedan escribir sus expectativas, buenas y malas, de un lado. Del otro lado, anoten lo que consideran posible para cada situación con la ayuda de Dios. ¿Cómo hacer para que ellos incluyan a Dios más cerca de su corazón?

ORACIONES COTIDIANAS

La señal de la cruz

La señal de la cruz es la primera oración y la última de cada día, y de toda la vida cristiana. Es una oración del cuerpo y de palabras. Cuando fuimos presentados para ser bautizados, la comunidad hizo este signo sobre nuestro cuerpo, por vez primera. Los papás acostumbran hacer esta señal sobre sus hijos, y nosotros nos signamos cada día, y también a los que amamos. Al morir, nuestros seres queridos harán esa señal sobre nosotros, por última vez.

En el nombre del Padre,

y del Hijo,

y del Espíritu Santo. Amén.

La Oración del Señor

La Oración del Señor o padrenuestro, es una oración muy importante para el cristiano, porque Jesús mismo la enseñó a sus discípulos, quienes, a su vez, la enseñaron a los demás miembros de la Iglesia. Hoy día, esta oración forma parte de la misa, del Rosario y la recitamos en toda ocasión. Contiene siete peticiones. Las primeras tres le piden a Dios que sea glorificado y alabado, y las cuatro restantes que provea a nuestras necesidades espirituales y corporales.

Padre nuestro, que estás en el cielo,

santificado sea tu Nombre;

venga a nosotros tu reino;

hágase tu voluntad en la tierra como en el cielo.

Danos hoy nuestro pan de cada día;

perdona nuestras ofensas,

como también nosotros perdonamos

a los que nos ofenden;

no nos dejes caer en la tentación,

y líbranos del mal. Amén.

El Credo de los Apóstoles

El Credo apostólico es uno de los más antiguos que conservamos. Se piensa que habría sido escrito hacia el siglo segundo. Este credo, también conocido como símbolo, es más breve que el niceno; expresa con mucha claridad la fe en Cristo y en la Santísima Trinidad, Padre, Hijo y Espíritu Santo. Algunas veces este credo se recita en la misa, especialmente en las misas de niños, y al iniciar el rezo del rosario.

Creo en Dios, Padre Todopoderoso,

Creador del cielo y de la tierra.

Creo en Jesucristo su único Hijo, nuestro Señor,

que fue concebido por obra y gracia del Espíritu Santo,

nació de Santa María Virgen,

padeció bajo el poder de Poncio Pilato,

fue crucificado, muerto y sepultado,

descendió a los infiernos,

al tercer día resucitó de entre los muertos,

subió a los cielos y está sentado a la derecha de Dios Padre, todopoderoso.

Desde allí va a venir a juzgar a vivos y muertos.

Creo en el Espíritu Santo, la santa Iglesia católica

la comunión de los santos,

el perdón de los pecados,

la resurrección de la carne

y la vida eterna. Amén.

El Credo Niceno

El Credo Niceno fue escrito en el Concilio de Nicea, en el año 325, cuando los obispos de la Iglesia se reunieron para articular la verdadera fe en Cristo y su relación con Dios Padre. Todos los fieles deben conocer este credo o símbolo, pues resume la fe de la Iglesia. Lo recitamos en misa.

Creo en un solo Dios,

Padre todopoderoso, Creador del cielo y de la tierra,

de todo lo visible y lo invisible.

Creo en un solo Señor, Jesucristo, Hijo único de Dios,

nacido del Padre antes de todos los siglos:

Dios de Dios, Luz de Luz,

Dios verdadero de Dios verdadero,

engendrado, no creado,

de la misma naturaleza del Padre,

por quien todo fue hecho;

que por nosotros lo hombres,

y por nuestra salvación bajó del cielo,

y por obra del Espíritu Santo

se encarnó de María, la Virgen, y se hizo hombre;

y por nuestra causa fue crucificado

en tiempos de Poncio Pilato;

padeció y fue sepultado,

y resucitó al tercer día, según las Escrituras,

y subió al cielo, y está sentado a la derecha del Padre;

y de nuevo vendrá con gloria

para juzgar a vivos y muertos,

y su reino no tendrá fin.

Creo en el Espíritu Santo, Señor y dador de vida,

que procede del Padre y del Hijo,

que con el Padre y el Hijo

recibe una misma adoración y gloria,

y que habló por los profetas.

Creo en la Iglesia,

que es una, santa, católica y apostólica.

Confieso que hay un solo bautismo para el perdón de los pecados.

Espero la resurrección de los muertos

y la vida del mundo futuro.

Amén.

Gloria (Doxología)

Esta breve plegaria está dirigida a la Santísima Trinidad. Se dice al inicio de la Liturgia de las Horas, y para concluir el rezo de los salmos, o la decena de avemarías del rosario. Puede rezarse en cualquier momento.

Gloria al Padre,

y al Hijo,

y al Espíritu Santo.

Como era en el principio,

Ahora y siempre, por los siglos de los siglos. Amén.

Avemaría

La primera línea de esta plegaria es el saludo del ángel Gabriel a la Virgen María, al momento de anunciarle que sería madre del Redentor (ver Lucas 1:28). Las dos líneas siguientes son del saludo de Isabel al momento de visitarla (ver Lucas 1:42). Las cuatro líneas finales confiesan la maternidad divina de María y su papel de intercesora nuestra. Las decenas repetidas de esta plegaria forman el rosario.

Dios te salve María, llena eres de gracia, el Señor es contigo;

bendita tú eres entre todas las mujeres,

y bendito es el fruto de tu vientre, Jesús.

Santa María, Madre de Dios,

ruega por nosotros, pecadores,

ahora y en la ahora

de nuestra muerte. Amén.

Bendición de los alimentos

De muchas maneras, las familias agradecen a Dios por el alimento; algunas con sus propias palabras, otras se toman de las manos y cantan o recitan alguna fórmula tradicional. Esta se puede decir antes de iniciar a comer, y después de la Señal de la cruz.

Bendice, Señor, estos dones,

las manos que los prepararon

y el trabajo de nuestros hermanos.

Da pan a los que tienen hambre,

y hambre de ti a los que tenemos pan.

Acción de gracias por los alimentos

Enseñe a sus hijos a dar gracias a Dios después de comer. Puede usar estas palabras, después de hacer la señal de la cruz.

Gracias, Señor, por el pan,

y las gracias que nos das. Amén.